Die kleine

BIOGARTEN

Praxis

Marie-Luise Kreuter

Die kleine BIOGARTEN Praxis

blv

Die Grundlagen des Biogärtnerns

Vom Bauerngarten zum Biogarten

Die Wurzeln des Biogartens reichen tief in die Vergangenheit. Wer heute naturgemäß gärtnert, der verwirklicht nicht nur neue Erkenntnisse, er setzt auch sehr alte Traditionen fort. In den bäuerlichen Gärten der vergangenen Jahrhunderte waren die wichtigsten Grundlagen des biologischen Anbaus bereits bekannt: Kompost, organische Dünger, Mischkulturen und natürliche Schädlingsabwehr. Für die Gartenpraxis zahlreicher Generationen bedeutete das, was wir heute »alternativ« nennen, den allgemein üblichen Alltag.

Diese Kenntnis der natürlichen Anbau-Methoden ging eigentlich nur zeitweise verloren. In der zweiten Hälfte des 20. Jahrhunderts gewannen mit atemberaubender Schnelligkeit die Errungenschaften der modernen Technik und vor allem chemische Produkte die Überhand. Erst als dieser »Fortschritt« überall in der Natur seine zerstörerischen Folgen zeigte, besann man sich wieder auf die »biologischen« Alternativen.

Im traditionellen Bauerngarten war Jahrhunderte lang eine bunt gemischte Anbaumethode üblich. Man nannte das damals noch nicht Mischkultur, aber in der Praxis gediehen Gemüse, Kräuter und Blumen stets in guter Nachbarschaft nebeneinander.

Die bunte Vielfalt der Pflanzen prägt das Bild des Biogartens, der in der bewährten Tradition des Bauerngartens wurzelt.

Die Trennung in essbare und schöne Gewächse, in Nutzgarten und Ziergarten, war eine spätere Erfindung, die sich in den Gärten der Bürger und Städter des 20. Jahrhunderts durchsetzte. Das Grundstück rund ums Wohnhaus diente nicht mehr der Selbstversorgung mit Gemüse, Gewürz- und Heilpflanzen, sondern der Erholung, der Freizeit und dem Bedürfnis nach Schönheit. Je billiger man Obst und Gemüse im Geschäft um die Ecke kaufen konnte, desto seltener machte man sich die Mühe, sie noch auf dem eigenen Grund anzubauen. Selbst viele Hausgärten auf dem Lande wurden in den letzten Jahrzehnten ein Opfer des bequemeren Lebens. Wo früher auf buchsbaumumrahmten Beeten Salat, Kohl, Bohnenkraut und Madonnenlilien wuchsen, säte man »pflegeleichten« Rasen ein. Eine uralte Gartenkultur samt ihren wertvollen Erfahrungen geriet dabei zuerst unter den Spaten und dann in Vergessenheit.

Inzwischen schlägt das Pendel zurück: Die Versorgung mit selbst gezogenem Gemüse und heilkräftigen Kräutern ist wieder gefragt. Und damit begann auch die Rückbesinnung auf gemischte Kulturen und natürliche Anbaumethoden. Im Garten dürfen nun neben Rosen und Stauden auch wieder Salate, Tomaten, Radieschen, Erdbeeren, Dill und Majoran wachsen.

Aktuelle Tipps aus Großmutters Garten

Wie man die verschiedenen Pflanzen am besten miteinander kombiniert, kann man in moderner Bio-Literatur nachlesen. Es ist aber auch interessant, einmal den Spuren in die Vergangenheit zu folgen und alte Quellen zu entdecken. Manch ein bejahrter oder gar historischer Bio-Tipp erweist sich dabei als überraschend aktuell und brauchbar. In einem Kalender für »Die Landfrau« aus dem Jahre 1948 finden sich zum Beispiel, lange bevor es den Begriff »Biogarten« gab, bereits zahlreiche **Vorschläge für die Mischkultur:**

»Dicke Bohnen mit Spinat in Mischkultur. Der schnell wachsende Spinat wirkt gleichsam als wohltuender Sonnenschirm; unter seinem schützenden Schatten wird einer Bodenverkrustung entgegengewirkt. Die Bohnen bleiben gesund und bringen eine gute Ernte. Strauchbohnen und Zwiebeln hemmen sich gegenseitig. Strauchbohnen als Leit-, Frühkohl als Begleitpflanze fördern sich. Frühkartoffeln mit Straucherbsen sind keine geeignete Mischkultur.
Frühkartoffeln mit Überwinterungswirsing, Weiß- oder Rotkohl gedeihen gut. Knollensellerie in Gleichkultur, bestimmte Bodennährstoffe bleiben unausgenützt. Knollensellerie mit Blumenkohl in Mischkultur bildet eine gute Ergänzung. Straucherbsen stehen günstig neben Möhren. Tomaten und Blumenkohl erweisen sich als gute Pflanzenkameraden.«

Naturgemäße Schädlingsabwehr wurde damals ganz selbstverständlich im bäuerlichen Garten praktiziert. Der Kalender für die Landfrau gab dafür viele praktische Ratschläge:
*»**Erdflöhe** ... Zur Fernhaltung der Flöhe die Pflanzen mit einer Staubschicht überziehen. Taufeuchte Pflanzen mit Asche, Staubkalk, Thomasmehl oder Tabakstaub [heute nicht mehr empfehlenswert!] bestreuen. ... Bei fleißigem Hacken und Gießen gibt es selten Erdflöhe.*
***Feld- und Wühlmäuse** ... An verschiedenen Stellen im Garten Sonnenblumen anpflanzen. Der Geruch vertreibt die Mäuse absolut. Igel halten.*
***Schnecken** ... Die Kröten schützen! Sie sind die fleißigsten Schneckenvertilger. Ausstreuen von ungelöschtem Kalk, Asche, Kainit, Gerstenspreu, trockene Kiefern- und Fichtennadeln. Täglich die Schlupfwinkel (hohlliegende Bretter und Ziegel) nachsehen.*
***Drahtwurm** ... Rohe Kartoffelscheiben zwischen die Pflanzen legen als Köder. Im Morgengrauen kann man die Würmer leicht auflesen.«*

Der Schutz der Nützlinge, Fallen und Streumittel aus ungiftigen Substanzen werden auch heute im Biogarten wieder zur Schädlingsabwehr empfohlen. Außerdem stellt man zahlreiche **natürliche Spritzmittel** her, die aus Wild- oder Gartenkräutern selbst angesetzt werden. Dazu zählen vor allem **Wermut, Rainfarn, Schachtelhalm** und **Brennnesseln.** Auch für diese natürlichen Mittel gibt es einige uralte Vorbilder, die auf dem Lande seit Jahrhunderten in Gebrauch waren. In einem »Kriegsarznei-Büchlein für

Harmonischer Ausklang eines fruchtbaren Gartenjahres mit Wintergemüse und letzter Blütenpracht.

Die Arbeit im Garten lag seit Jahrhunderten in den Händen der Bäuerinnen. Von ihrem Erfahrungsschatz profitieren zahlreiche Biogärtner noch heute.

den Dreißigjährigen Krieg« wurde Wermutbrühe gegen Parasiten empfohlen:
»Willst du von Ungeziefer gesichert sein, so tauche dein Hemd in einen Absud von Wermut und Hufabschnitzeln von Pferden in halbverdünnter Lauge und lasse es trocknen: So kommt dir keine Laus hinein, während sonst eine im Hemd stürbe und viele Tausende mit ihrer Leiche gehen.«
Dass Ungeziefer nach einer Wermutdusche nicht nur aus den Kleidern, sondern auch vom Rosenstrauch fällt, wissen heute wieder zahlreiche Biogärtner aus eigener Erfahrung. Noch älter sind die zahlreichen Rezepte, die in den berühmten Kräuterbüchern des ausgehenden Mittelalters niedergeschrieben wurden. Dort empfiehlt zum Beispiel Tabernaemontanus:
»Wermuth in die Truhen/Kisten gelegt/vertreibt die Motten und Schaben/und verhütet, dass keine in den Kleidern wachsen/so man den Wermuth dazwischen legt. Wermuth auf gluende Kohlen gelegt/die Schlaffkammern und die Gemach damit beräuchert/ vertreibt die Mucken/Schnacken und Bobenhämmer/das sind gifftige Wasser-Schnacken.
Wermuth in Wasser gesotten/und mit demselben Wasser die Gärten/Kräuter und Gewächs besprengt/die berühren oder beschmeissen die Heuschrecken nicht.«

Wenn Sie in Ihrem Garten Wermutbrühe gegen Läuse oder Milben ausspritzen, wissen Sie nun, dass Sie ein seit Jahrhunderten bewährtes Mittel verwenden. Vielleicht wird dadurch Ihr Vertrauen in die biologischen Methoden gestärkt, die so »alternativ« gar nicht sind. Im alten Bauerngarten haben sie ihre Bewährungsprobe schon lange bestanden, ehe wir sie für eine umweltfreundliche Gartenpflege neu entdeckten.

Die Grundschule des Biogärtnerns

Vier wichtige Regeln

Wenn Sie erfolgreich in die Praxis des Biogärtnerns einsteigen möchten, müssen Sie einige wichtige Grundregeln in Ihrem Garten verwirklichen:

1 Kompostieren
– um den Boden lebendig, fruchtbar und gesund zu erhalten.

2 Natürlich düngen
– um zusätzliche Nährstoffe dort aufzufüllen, wo sie gebraucht werden.

3 Mulchen
– um das Bodenleben anzuregen und die Erde feucht und locker zu halten.

4 Mischkulturen anlegen
– um durch günstige Nachbarschaften gesundes Pflanzenwachstum zu fördern und Schädlinge oder Krankheiten abzuwehren.

Nur das Zusammenwirken dieser wichtigen Grundregeln ergibt ein funktionierendes System. Das beste Beispiel gibt Ihnen die Natur selbst: Alle ihre Gesetze greifen ineinander und bilden zusammen ein verknüpftes ökologisches Netz.
So entsteht ein Gleichgewicht des Lebens, das sich selbst erhält. Stark ist nur die intakte Gemeinschaft von Pflanzen und Tieren, von Erde, Wasser, Luft und Sonnenlicht. Einzelne Ausschnitte aus den großen Kreisläufen des Lebendigen sind für sich nicht lebensfähig. Sie brechen rasch zusammen. Ähnlich ergeht es Ihnen auch im naturgemäß bearbeiteten Garten: Einzelmaßnahmen bringen keine Erfolge. Nur mit Brennnesseljauche und Bierfallen können Sie nicht zum Biogärtner werden. Wenden Sie deshalb *alle* wichtigen Grundregeln sorgfältig und über längere Zeit an. Dann werden die natürlichen Gesetze greifen; in Ihrem Garten entsteht eine biologische Balance, die gesunde Pflanzen auf gesundem Boden wachsen lässt. Die Natur selbst wird dann zu Ihrem Bundesgenossen hinter dem Gartenzaun und nimmt Ihnen manche mühevolle Arbeit ab.
Wie Sie diese grüne Philosophie in die tägliche Gartenpraxis übersetzen können, erfahren Sie in den folgenden Kapiteln.

Kompost hält die Erde jung

Für Gärten, die nach biologischen Methoden bearbeitet werden, ist der gepflegte Kompost das Herzstück der ganzen Anlage. Weniger poetisch ausgedrückt könnte man auch sagen: Der Kompost ist der Bauch des Gartens. Er verdaut alle organischen Abfälle, formt sie um und baut aus der sterbenden Materie neue lebendige Substanzen auf. Kompost ist, wenn er richtig zubereitet wurde, bester Humus. Er enthält alle wichtigen Nährstoffe und Spurenelemente in ausgewogener Form. Kompost sorgt für milde Düngung, vor allem aber regt er das Bodenleben zu emsiger Tätigkeit an. Und dort, wo Regenwürmer, Pilze, Bakterien und Algen im Boden gute Bedingungen vorfinden und ständig organische Substanzen umsetzen, da wachsen Humus und Nährstoffe beinahe von selbst nach. Wer mit Kompost arbeitet, der spart auch Dünger!
Jeder normale Gärtner kann diesen wertvollen Humus, der die Fruchtbarkeit seiner Beete vermehrt, selber herstellen. Sie können auch als Anfänger die Kunst des Kompostierens leicht erlernen, denn die Zeiten,

Frische Abfälle und reifender Kompost finden in zwei Holzlegen Platz. Sehr praktisch ist es, wenn auch die Jauchegefäße neben dem Kompost stehen können.

in denen man die Erdmieten drei Jahre lang lagerte und ständig mühsam umschaufelte, sind längst vorbei. Heute ist ein guter, nährstoffreicher Kompost, der sachgemäß aufgeschichtet wurde, schon nach neun bis zwölf Monaten fertig.

Platz für den Kompost

Es gibt viele Arten, Kompost herzustellen: in Silos und Tonnen, auf freier Fläche und in Mieten. Der Kompostplatz sollte halbschattig liegen und gut mit der Schubkarre zugänglich sein. Sehr praktisch ist es, wenn Sie mehrere Kompost-Beete nebeneinander anlegen können, die durch saubere Plattenwege abgegrenzt werden. Holunder und Haselnuss-Sträucher eignen sich besonders gut als Schatten spendende Randpflanzung und als Sichtschutz. Wenn Sie nicht so viel Raum für große Gehölze besitzen, dann kann auch eine einjährige Hecke aus Zuckermais oder Sonnenblumen den Kompostplatz abschirmen.
Noch ein praktischer Tipp: Planen Sie gleich eine Ecke für Ihre Jauchefässer mit ein. Dann haben Sie Ihre kleine »Erdfabrik« und die Düngerherstellung an einem Platz vereint. Wenn Sie rundum Brennnesseln und Beinwell pflanzen, wächst das Material für nahrhafte Pflanzenbrühen in greifbarer Nähe ständig nach!

Die Kompostmiete

Dies ist die klassische Form der Kompostherstellung. Eine Miete wird stets auf offenem, gut gelockertem Boden errichtet. Nur dann haben Regenwürmer und andere nützliche »Abfallverarbeiter« stets freien Zugang. Niemals darf Kompost auf Steinen, Platten oder Zementboden aufgebaut werden!
Die unterste Schicht der Miete sollte stets aus grobem, holzigem Material bestehen.

Eine Kompostmiete wird aus zerkleinertem organischen Material aufgeschichtet. Wichtig: Häufen Sie genügend Abfälle auf, damit von Anfang an eine heiße Rotte einsetzen kann.

Durch die natürlichen Hohlräume kann überschüssige Feuchtigkeit leicht abfließen. Für diese Schicht können Sie zum Beispiel Baumschnitt, Staudenstängel, Sonnenblumenstiele, Rosenzweige und ähnliche sperrige »Abfälle« benutzen.
Die Grundfläche einer Kompostmiete sollte etwa 1,50 m breit sein. Die Länge ist beliebig, Sie können sie dem vorhandenen Platz und der Menge Ihrer Abfälle anpassen. Beginnen Sie mit dem Aufschichten des Materials zunächst auf einer 1,00–1,50 m langen Fläche. Denn es ist wichtig, dass Sie genügend organische Masse aufhäufen, damit rasch eine heiße Rotte einsetzt. Flache Schichten erwärmen sich nicht und zersetzen sich deshalb auch nur langsam!

Schutz vor zuviel Sonne und austrocknendem Wind bietet ein Kompostplatz im Schatten einer Hecke.

Sammeln Sie zunächst alle erreichbaren Abfälle aus Haus und Garten. Zur Kompostierung eignen sich: Unkraut (möglichst ohne Samen), verwelkte Blumen, Gemüseabfall, Kartoffellaub, Erbsenstroh, Zweige von Obstbäumen und Sträuchern, Heckenschnitt, Obstreste, alte Erde aus Kästen und Kübeln sowie Küchenabfälle wie Kaffeesatz, Obst- und Kartoffelschalen, Teeblätter, Papiertücher, Hundehaare usw. Wichtig ist, dass Sie alle diese Substanzen zunächst zerkleinern. Dies geschieht mit dem Spaten oder mit einer Gartenschere. Einfacher und schneller geht es mit einem Häcksler oder Schredder. Der Einsatz solcher Geräte lohnt sich, wenn sie größere Mengen zerkleinern müssen.

Anschließend mischen Sie harte und weiche, trockene und holzige, grüne und saftreiche Abfälle durcheinander. So entsteht ein lockeres Gemenge, das nicht mehr dicht aufeinander »pappen« kann. Die festen Bestandteile sorgen überall für luftige Hohlräume. Das Grünzeug bringt genügend Feuchtigkeit und nährstoffreiche Substanzen in die Mischung.

Nun können Sie mit dem lagenweisen Aufschichten beginnen. Häufen Sie die erste Schicht etwa 20 cm hoch aus gemischtem, zerkleinertem Abfall auf. Dann streuen Sie über jede Lage hauchdünn etwas Kalk (am besten Algenkalk) und ein wenig organischen Dünger (z.B. Hornmehl. Rizinusschrot oder einen im Handel erhältlichen organischen Mischdünger). Wenn der Abfall sehr nass ist oder wenn es im Herbst stark regnet, fügen Sie noch Tonmehl hinzu, das überschüssige Feuchtigkeit bindet.

Empfehlenswert ist auch einer der im Handel käuflichen Kompoststarter, der die Umsetzungsprozesse auf natürliche Weise beschleunigt. Die gleichen guten Dienste erweisen auch ein paar Schaufeln voll halbreifem Kompost, wenn Sie bereits Vorräte besitzen. Diese kostenlose Zutat wimmelt von Mikroorganismen und Bodentieren. Sie impfen damit das frische Material.

Auf die gleiche Weise bauen Sie nun eine Lage nach der anderen auf. Der Kompost soll mindestens 1 m hoch aufgeschichtet werden, damit die Erwärmung und die Zersetzung rasch einsetzen können. Eine Kompostmiete beginnen Sie deshalb besser auf 1 oder 2 m² Fläche und bauen erst dann wieder an, wenn Sie genügend Material gesammelt haben. Nach oben hin sollte der Haufen immer schmaler werden, sodass er schließlich einem niedrigen Erdzelt mit schräg abfallenden Seitenwänden gleicht. Zum Schutz gegen Kälte und zu viel Nässe erhält der Kompost nun noch einen Mantel aus Stroh, Grasschnitt, Laub, Schilfmatten oder alten Säcken. So bleibt er über Winter liegen.

Prägen Sie sich für alle Arbeiten am Kompost noch diese wichtigen Regeln ein:

Grundgesetze der Kompostierung

• **Luft und Sauerstoff** müssen immer zwischen den Abfällen zirkulieren können. Deshalb ist eine lockere Mischung so wichtig. Die Bodentiere und Mikroorganismen, die das Material zersetzen, können ohne Luft nicht leben!

• **Feuchtigkeit** gehört ebenfalls zu den Lebenselementen der Milliarden Erdarbeiter in der »Kompostfabrik«. Sie muss aber gleichmäßig verteilt sein. Starke Nässe lässt die Abfälle zusammenkleben. Dann fehlt es an Sauerstoff; in kurzer Zeit übernehmen Fäulnisbakterien das Regiment! Bei Trockenheit ziehen sich die nützlichen Bodenlebewesen zurück in tiefe Schichten. Dann müssen Sie Ihren Kompost unbedingt gießen!

• **Wärme** ist nötig für eine rasche harmonische Rotte. Sie wird größtenteils von den Bodenlebewesen selbst während der Umsetzungsprozesse erzeugt. Zerkleinerte Abfälle sind gewissermaßen »vorgekaut« und können rascher auseinander genommen und verdaut werden. »Zusatzfutter« in Form von organischem Dünger heizt das Arbeitsklima im Innern des Haufens an. Je besser die Lebensbedingungen im Kompost, desto schneller die Arbeit, desto größer die Wärme-Energie!

Wenn Sie diese Grundsätze beachten, wird Ihre Kompostierung harmonisch ablaufen und niemals schlechte Gerüche verbreiten. Sie brauchen das Material auch nicht mühsam umzusetzen. Je nach Witterung haben sich alle Abfälle nach 9–12 Monaten in gute Erde verwandelt. Diesen Kompost sollten Sie nicht länger liegenlassen, sondern überall im Garten nutzbringend verteilen.

Kompost auf kleinster Fläche

• **Behälter aus Holz, Metall oder Kunststoff**
Anstelle der klassischen Kompostmiete, die eine relativ große Fläche bedeckt, können Sie auch praktische Silos benutzen. Sie beanspruchen, einzeln aufgestellt, nicht mehr als 1 m². Im Handel können Sie zwischen zahlreichen bewährten Systemen wählen. Die Kompostbehälter bestehen aus Holz, Drahtgitter, Kunststoffmaterial oder verzinktem Blech. Sie sind unterschiedlich konstruiert, besitzen aber immer Schlitze und Löcher in den Außenwänden, die für eine ständige Luftzirkulation sorgen. Alle Kompostbehälter werden direkt über offenem, gelockertem Gartenboden aufgestellt. Wie bei der Miete muss auch hier die Verbindung zum »lebendigen Untergrund« und seinen nützlichen Lebewesen erhalten bleiben. Alle Regeln der Kompostzubereitung gelten auch für die abgegrenzten Behälter: Das zerkleinerte, gut vermischte Material wird locker und lagenweise aufgeschichtet. Es muss luftig, feucht und warm bleiben. Die seitlich geschlosse-

Einen Kompostbehälter können praktische Biogärtner auch selber bauen. Achten Sie dabei auf genügend Luftzirkulation und auf Material, das zum naturgemäßen Garten passt!

Gut geeignet für kleine Gärten ist dieser Holzbehälter. Der Deckel schützt vor zuviel Regen und auch vor Tieren (oben). Geschlossene Thermo-Komposter aus Kunststoff können Sie im Handel kaufen (unten).

nen Kästen haben den Vorteil, dass Vögel, Hühner oder gar Ratten die Abfälle nicht durchwühlen können.

• **Kompostlegen** aus Holz haben sich seit Generationen bewährt. Das natürliche Material fügt sich gut in den Garten ein. Im Handel werden unterschiedliche Modelle angeboten. Sie können eine Holzlege aber auch aus Brettern, Schwarten oder Rundhölzern selber bauen.

• **Komposttonnen** sind aus Metall oder Kunststoff hergestellt. Wenn sie mit einem Deckel verschlossen werden, erwärmt sich der Inhalt rascher. Vor allem Küchenabfälle sind in solchen Tonnen vor ungebetenen Mitessern sicher aufbewahrt.
Achten Sie bei solchen Behältern besonders auf überschüssige Feuchtigkeit! Ein paar Hände voll Steinmehl binden Nässe und Gerüche. Streuen Sie immer wieder einige Schaufeln voll Kompost oder Gartenerde zwischen die einzelnen Lagen.

• **Kunststoffsilos** bieten, wenn sie aus solidem, schlagfestem Material bestehen, viele Vorteile für kleine Gärten. Es gibt zum Beispiel Modelle, bei denen man oben noch Abfälle einfüllen kann, während man durch eine Klappe im unteren Bereich bereits fertigen Kompost entnehmen kann.

• **Drahtkonstruktionen** sind leicht aufzustellen und zu versetzen. Sie werden rund oder eckig angeboten. Durch die zahlreichen Öffnungen ist der Inhalt aber Wind und Sonne stark ausgesetzt. Das Kompostmaterial trocknet an den Rändern rasch aus. Solche Behälter müssen unbedingt schattig und geschützt aufgestellt werden!

Wann ist der Kompost reif?

In Großvaters Garten musste der Kompost noch drei Jahre lang reifen. In diesem langen Zeitraum wurde er mehrmals umgesetzt. Dabei kehrte der Gärtner mühevoll das Unterste zuoberst und schichtete alles neu und ordentlich wieder zu Mieten auf. Nach neuen Biogärtner-Erkenntnissen ist das nicht mehr nötig. Wenn Sie Ihren organischen Abfall, so wie es in diesem Kapitel beschrieben ist, zerkleinern, sorgfältig mischen und locker aufsetzen, dann dauert die Rotte nur etwa ein Jahr. Gehäckseltes Material setzt sich in der warmen Jahreszeit innerhalb von 3–5 Monaten in erdigen Grobkom-

So sieht guter reifer Kompost aus: brauner krümeliger Humus, der wie Walderde duftet. Dieser Kompost ist reich an Nährstoffen und Mikroorganismen.

post um. Je gröber die Abfälle und je kälter die Umgebung, desto länger dauert der Prozess.

Spätestens nach 9–12 Monaten ist jeder vorschriftsmäßig aufgesetzte Kompost soweit verrottet, dass er im Garten verwendet werden kann. Man spricht dann von Grob- oder Mulchkompost. Dieses halbreife Material ist besonders reich an Nährstoffen. Es enthält noch »arbeitendes« Bodenleben, das auf die Gartenbeete übertragen wird.

Je länger der Kompost in der Miete oder im Silo liegen bleibt, desto stärker zerfällt er in immer feinere Erde. Der Bodenfachmann nennt diesen Prozess »Mineralisierung«. Die Nährstoffe werden in dieser Zeit immer weiter abgebaut. So gewinnt der Gärtner zwar sehr feinkrümelige Saat- und Pflanzerde, aber die Fruchtbarkeit seines selbst erzeugten Humus nimmt ab.

Die Verwendung im Garten

Im Herbst oder im zeitigen Frühling kann der fertige Kompost überall im Garten verteilt werden. Er darf ruhig noch etwas grob und bröckelig sein. Gemüsebeete, Stauden, Rosen, Beerensträucher und Ziersträucher sind dankbar für diesen lebendigen Humus. Im naturgemäßen Garten wird der Boden vorher nicht umgegraben, sondern nur mit der Grabgabel oder mit dem »Sauzahn« gelockert.

Kompost wird, je nach Vorrat, 2–5 cm dick ausgestreut und nur ganz leicht in die Oberfläche eingeharkt. Es genügt, wenn eine lockere Kontaktzone entsteht. Damit die lebendige, nährstoffreiche Substanz nicht austrocknet, sollte der frische Kompost gleich mit einer schützenden Mulchdecke aus Gras, Laub oder zerkleinertem Unkraut zugedeckt werden. Vor allem über Winter ist diese natürliche Bodendecke wichtig. Die kahlen, abgeräumten Beete bleiben darunter feucht und warm, geschützt vor hartem Regen und austrocknendem Wind. Im Frühling findet der Gärtner unter der halb verrotteten Mulchschicht mürbe, lockere Erde vor. »Nackter Boden« zeigt dagegen nach

Im Herbst oder im Frühling wird der Kompost auf den Gartenbeeten verteilt. Harken Sie ihn nur leicht in die Oberfläche ein. Im Herbst wird die Fläche anschließend mit Mulchmaterial zugedeckt.

dem Wechsel von Regen und Sonne meist eine verschlammte, harte Oberfläche. Für Pflanzlöcher und Saatrillen dürfen Sie dagegen nur ausgereiften, feinen Kompost verwenden. Das »rohe« Material des Mulchkompostes schadet durch die noch intensiv ablaufenden Umsetzungsprozesse den feinen Wurzeln junger Pflanzen!
Merken Sie sich ganz einfach: »Grob« über der Erde – »fein« unter der Erde!

Gärtnern ohne zu graben – geht das?

Wer konsequent nach biologischen Methoden arbeitet, der kann auf das mühsame Umgraben im Herbst verzichten. Voraussetzung dafür ist allerdings die regelmäßige Versorgung aller Beete mit Kompost und Mulchdecken. Nach der Ernte werden alle freien Flächen nur von Unkraut gesäubert

und gelockert. Dazu können Sie die folgenden Spezialwerkzeuge benutzen:

Der Sauzahn

Dieses unter Biogärtnern schon sehr bekannte Spezialgerät besteht aus einem kräftigen sichelförmigen Zinken. Wichtig ist, dass der Stiel des Sauzahns am Anfang leicht durchgebogen ist. Mit diesem, speziell für naturgemäße Gärten entwickelten Werkzeug kann der Boden tief gelockert werden, ohne dass die Schichten umgeworfen werden. Man zieht den Sauzahn ohne besonders große Anstrengungen durch die Erde. Eine sehr gleichmäßige Lockerung erreicht man, wenn man diagonale Bahnen zieht und dann quer dazu das Beet noch einmal bearbeitet.

Die Grabgabel

Auf kleinen Flächen können Sie den Boden auch mit einer vierzinkigen Grabgabel lockern. Stoßen Sie die Gabel kräftig in den Boden und drücken Sie sie einige Male nach vorn und nach hinten. Aber nur so weit, dass die Erde leicht angehoben wird. So wird

Der Sauzahn ist ein Spezialwerkzeug, mit dem man den Boden ohne große Anstrengung tief lockern kann (links). Auch die Grabgabel ersetzt den Spaten im Biogarten (unten).

Stück für Stück der Boden eines Beetes bearbeitet. Diese Methode ist allerdings etwas mühsam und zeitaufwändig. Für große Gärten ist sie nicht empfehlenswert.

Bei diesen Formen der Bodenbearbeitung bleibt der schichtweise Aufbau der Humuszone ungestört. Der Gärtner macht sich dabei die Vielfalt der Bodenlebewesen, vor allem die Regenwürmer, zunutze. Er lässt sie kontinuierlich und ungestört am Aufbau neuer, fruchtbarer Erde arbeiten.
Das Umgraben stellt dagegen die Welt der Mikroorganismen auf den Kopf. Sie muss immer wieder neu aufgebaut werden. Die vom Gärtner erhoffte Frostgare ist in der Regel ein unbeständiges Ergebnis. Heftige Frühlingsregen zerschlagen meist die feine Krümelstruktur wieder und schwemmen die Poren der Erde zu. Dann war die Mühe des Umgrabens umsonst.

Gute Gründe zum Graben

Ganz arbeitslos wird der Spaten im Biogarten trotzdem nicht. Für die ersten Pionierarbeiten, wenn ein Stück Wiese oder verwildertes Land urbar gemacht werden müssen, kann man mit Bodenlockerungsgeräten wenig anfangen. Dann muss die Erde zuerst einmal umgegraben oder sogar gepflügt werden. Erst wenn »der Grund gelegt« ist, kann man zu den sanfteren Methoden übergehen. Es lohnt sich immer, zuerst einmal in Ruhe nachzudenken und dann die sinnvollste Arbeitsweise zu wählen – diejenige, die der vorgefundenen Situation am besten angepasst ist. Gute Biogärtner brauchen zuerst ihren Kopf-, dann erst den Sauzahn oder den Spaten. Das erspart unnötige Rückenschmerzen und vermeidet manchen Misserfolg.

Gesunde Pflanzennahrung

Auch im biologischen Garten kann man die Sorge für die Fruchtbarkeit nicht einfach »Mutter Natur« überlassen. Alle Kulturpflanzen verbrauchen Nährstoffe, die wieder aufgefüllt werden müssen. Außer Kompost werden dafür vor allem organische Dünger verwendet.

Der gute alte Mist

Mist aus dem Kuhstall ist nur noch für wenige Gärtner erreichbar. Getrockneter Rinderdung bietet eine gute Alternative, wenn er aus gesunder Tierhaltung stammt. Viele Gärtner wissen aber nicht so recht, wie sie diesen seit Urväter-Zeiten hochgeschätzten tierischen Dünger am besten verwenden sollten. Zwei Warnungen müssen Sie sich gleich am Anfang einprägen:

- Benutzen Sie niemals den Kot von Tieren aus der Massenhaltung, die mit Antibiotika oder Hormonen behandelt werden und Futter aus unnatürlichen Zutaten erhalten!
- Graben Sie frischen Mist niemals in die Erde ein!

Doch nun zur Praxis. Mist ist nicht gleich Mist. Es gibt zum Beispiel hitzig reagierende

Den guten alten Mist gibt es immer noch auf dem Land, wo Kühe und Pferde gehalten werden.

scharfe Tierexkremente und so genannten kalten Mist. So verschieden die Tiere sind, von denen die Exkremente stammen, so unterschiedlich ist auch die Zusammensetzung und Wirkung des Mistes. Nur wer diese Dünger unterscheiden kann, der wendet sie auch richtig an:

• **Frischer Rindermist** mit Stroheinstreu ist ein milder, ausgeglichener Dünger. Er enthält alle wichtigen Nährstoffe. Sie können ihn in einer Spezialmiete aufsetzen, dürfen dabei aber keinen Kalk verwenden. Dieser sonst beim Kompostieren verwendete Zusatz ist bei allen tierischen Düngern verboten. Kalk entbindet nämlich den wertvollen Stickstoff, der dann nutzlos »in die Luft geht«. Wer nicht genügend Erde für die Zwischenschichten vorrätig hat, der kann auch Steinmehl oder Tonmehl (ebenfalls ohne Kalk!) benutzen.

• **Pferdemist** gehört zu den hitzigen Düngern. Jeder Gärtner weiß, dass man mit diesem Material ein Frühbeet »heizen« kann. Die Nährstoffgehalte ähneln denjenigen des Rindermistes. Beide Dünger können Sie gemeinsam kompostieren. Auch Pferdemist ergibt »Kraftnahrung« für anspruchsvolle Pflanzen.

• **Schweinemist** ist ein so genannter kalter Mist. Er enthält viel Kali, wenig Stickstoff und fast keinen Kalk. Für Sellerie, Lauch und Himbeeren ist kompostierter Schweinemist besonders gut.

• **Schaf-, Ziegen- und Kaninchenmist** zählen zu den hitzigen Düngern. Sie sind reich an Stickstoff, deshalb sollte der Gärtner vorsichtig damit umgehen. Zu viel Stickstoff kann Geilwuchs verursachen. Diese Dünger sollten Sie auf jeden Fall kompostieren, einzeln oder mit anderem Mist vermischt. In rohem Zustand können sie Verbrennungen hervorrufen. Schaf-, Ziegen- und Kaninchenmist eignet sich für stark zehrende Gemüsearten,

• **Hühner-, Enten- und Taubenmist** sind sehr »scharf« und hitzig. Sie dürfen auf keinen Fall unbehandelt ausgestreut werden. Alle Geflügelmistarten müssen kompostiert oder als Jauche angesetzt werden. Verwenden Sie niemals Mist aus großen Legebatterien! Im Gegensatz zu den anderen tierischen Exkrementen enthält Geflügelmist besonders viel Phosphor; auch Stickstoff und Kali sind reichlich vorhanden. Da er sich rasch umsetzt, besteht die Gefahr von Verbrennungen. Geflügeldünger eignen sich für stark zehrende Gemüsearten. Wegen ihres hohen Phosphorgehaltes fördern sie auch die Blütenbildung. Verwenden Sie sie für Garten- und Balkonblumen aber nur in sparsamer Dosierung.

Die meisten Mistarten liefern dem Gärtner also »Kraftfutter« für diejenigen Pflanzen, die trotz guter Kompostversorgung noch eine Zusatzdüngung gebrauchen können, um reichlich Früchte, Knollen oder dicke Kohlköpfe zu entwickeln.

Wenn Sie sich Hühnermist besorgen, sollten Sie unbedingt drauf achten, dass die Tiere frei laufen können und naturgemäß ernährt werden. Der scharfe Geflügelmist muss kompostiert werden!

Hornspäne gehören zu den natürlichen Düngemitteln, die ohne Bedenken sehr vielseitig verwendet werden können. Sie setzen sich langsam um und bilden für viele Pflanzen eine gute Nahrungsquelle.

Algenkalk ist reich an Spurenelementen und Magnesium. Dieser natürliche Dünger wird aus Korallalgen gewonnen. Er regt das Bodenleben an und fördert gesundes Wachstum.

Natürliche Dünger aus organischen Substanzen

• **Reine Holzasche** aus dem Kamin gehört ebenfalls zu den natürlichen Düngern. Sie ist reich an Kali und Kalk. Verwenden Sie sie nur dort, wo die Pflanzen oder der Boden diese beiden Stoffe besonders brauchen. Sellerie gehört zum Beispiel zu den Kali-Liebhabern.

• **Hornspäne und Hornmehl** werden hauptsächlich aus den Hörnern und Klauen von Rindern gewonnen. Sie enthalten reichlich Stickstoff und auch Phosphor.

• **Rizinusschrot** wird aus der tropischen Rizinuspflanze *(Ricinus communis)* gewonnen. Verwendet werden die Rückstände, die beim Auspressen der ölhaltigen Rizinusbohnen entstehen. Dieser pflanzliche Naturdünger ist reich an Stickstoff; er enthält auch kleinere Mengen Phosphor und Kali. Vorsicht: Bei Allergikern kann Rizinus Hautreizungen auslösen!

• **Trester** entsteht beim Auspressen von Trauben und anderen Obstarten. Der Dünger aus diesen Rückständen ist besonders reich an Spurenelementen. In den regionalen Anbaugebieten wurde er schon lange verwendet. Inzwischen können Biogärtner Trester-Produkte auch überregional im Handel bekommen. (Siehe Bezugsquellen, Seite 140).

• **Algendünger** werden aus verschiedenen Meeresalgen gewonnen. Sie sind besonders reich an Spurenelementen und Magnesium. Meist werden sie als Flüssigdünger im Handel angeboten. **Algenkalk** enthält ebenfalls reichlich Magnesium und Spurenelemente. Er aktiviert das Bodenleben.

• Im Handel können Sie **organische Volldünger** kaufen, die alle Hauptnährstoffe in einem abgewogenen Verhältnis enthalten. Sie sind aus natürlichen Substanzen wie Hornmehl, Algen, Rapsschrot, Steinmehl und Mikroorganismen zusammengestellt. Oft wird auch getrockneter Geflügelmist hinzugefügt. Diese Dünger werden im Herbst oder zeitigen Frühling ausgestreut. Sie geben ihre Wirkstoffe erst im Zusammenwirken mit den Bodenlebewesen ab und bilden deshalb eine langsam fließende und lange wirksame Nahrungsquelle.

Organische Düngemittel

Dünger	Hauptnährstoffe	Wirkung und Verwendung
Hornspäne, Hornmehl	Stickstoff, Phosphor	Langsame Umsetzung, länger anhaltende Wirkung; gut für Gemüse, Stauden, Rosen und Balkonkästen
Frischer Rindermist	Stickstoff, Phosphor, Kali	Abgerundete, harmonische Nährstoffkombination, mild; nicht roh, sondern kompostiert verwenden; gut für stark zehrende Gemüse- und Obstarten
Getrockneter Rindermist	Stickstoff, Phosphor, reichlich Kali	Besonders gut für Rosen und Wurzelgemüse
Frischer Pferdemist	Stickstoff, Phosphor, Kali	Hitziger Dünger; kompostiert als »Kraftfutter« für anspruchsvolle Pflanzen oder als wärmende Frühbeetpackung geeignet
Geflügelmist von Hühnern, Tauben oder Seevögeln	Stickstoff, viel Phosphor, Kali	Hitziger Dünger; am besten als Jauche ansetzen oder kompostieren; in sparsamer Dosierung für stark zehrende Gemüse und für Blumen
Holzasche	Phosphor, reichlich Kali und Kalk	Ergänzung zu organischen Düngern, die wenig Kali enthalten; gut für Rosen und Wurzelgemüse
Algendünger	Kali, wenig Phosphor, etwas Stickstoff, reichlich Magnesium und Spurenelemente	Meist als flüssige Blattdünger angeboten, die das Wachstumanregen und die Widerstandskraft stärken
Trester	Stickstoff und Kali, wenig Phosphor	Geeignet für Gemüse und Obst

Natürliche Mineraldünger

Auch die Natur gehört zu den großen Salz- und Mineralproduzenten der Erde. Diese nährstoffreichen Substanzen entstanden durch die Ablagerungen urzeitlicher Tiere und durch Salzansammlungen der Meere. So bildeten sich in Jahrmillionen dicke Schichten aus Rohphosphat und Kalisalzen. Für den naturgemäßen Garten sind folgende Produkte brauchbar:

- **Phosphat** in langsam wirkender Form
- **Kalimagnesia** – ein salzarmes Kaliprodukt mit Magnesiumanteil
- **Thomasmehl** – ein phosphorhaltiger Dünger, der als Nebenprodukt der Eisenverhüttung entsteht.

Alle natürlichen Mineraldünger sollten nur gezielt dort eingesetzt werden, wo Boden und Pflanzen unter Phosphor- oder Kalimangel leiden. Nur eine genaue Bodenanalyse kann Ihnen zuverlässige Auskunft über die Nährstoffverhältnisse in Ihrer Gartenerde geben. Es lohnt sich, eine solche Untersuchung (500–1000 g Erde aus verschiedenen Beeten gemischt) alle 2–3 Jahre machen zu lassen. Schicken Sie Ihre Probe an die LUFA (Landwirtschaftliche Untersuchungs- und Forschungsanstalt), ansässig in jedem Bundesland oder an ein nach biologischen Gesichtspunkten arbeitendes Labor. Adressen finden Sie im Anhang ab Seite 140. Merken Sie sich als Grundregel: Übertreiben sollte man auch mit Naturdünger nie. Zu viel Stickstoff, auch wenn er aus organischen Quellen stammt, fördert nur schwammiges Wachstum und eine reichliche Wasseraufnahme der Pflanzen. Etwas weniger Gewicht, aber kernige, feste Qualität ist aufgeblasenen Früchten immer vorzuziehen. Wer in seinem Garten gesundes Gemüse ernten will, der muss also auch genau wissen, wie Naturdünger wirken und wozu sie gut sind. Andernfalls kann aus Mist auch Mist wachsen.

Pflanzenjauche – preiswerter Naturdünger aus dem eigenen Garten

Zahlreiche Gewächse im Gemüse-, Obst- und Blumengarten sind während der Hauptwachstumszeit für zusätzliche Nährstoffe dankbar. Dünger in flüssiger Form wird besonders rasch von den Pflanzen aufgenommen und verarbeitet. Im naturgemäßen Garten verwendet man dafür selbst angesetzte Jauche aus verschiedenen Heil- und Wildpflanzen. Diese Nährbrühen enthalten vor allem Stickstoff, der das Wachstum der Pflanzen fördert. Sie sind aber auch reich an anderen wertvollen Substanzen. Der bekannteste Flüssigdünger des Biogartens ist sicherlich die Brennnessel-Jauche. Nach diesem Rezept können Sie auch Ackerschachtelhalm und andere Kräuter ansetzen.

Brennnessel-Jauche

Stellen Sie an einem sonnigen Platz, am besten in der Nähe des Kompostes, ein geräumiges Gefäß auf. Geeignet sind zum Beispiel Holzfässer, große Steinguttöpfe oder auch Kunststofftonnen aus umweltfreundlichem Material. Füllen Sie Ihr Jauchegefäß nun zu zwei Dritteln mit frischen, zerkleinerten Brennnesseln. Dann gießen Sie Regenwasser oder abgestandenes Wasser aus einer Gartentonne darüber. Alle Pflanzenteile sollen bedeckt sein. Lassen Sie bis zum Rand des Gefäßes etwa 10–20 cm frei, weil die Jauche in den ersten Tagen hochschäumt.

Mit Brennnesseln können Sie den preiswertesten Dünger für den Biogarten selbst herstellen: Frisches kleingeschnittenes Kraut in Wasser ansetzen, Steinmehl darüber streuen, um die Jauchegerüche zu binden und öfter umrühren, bis die Gärung abgeschlossen ist.

Zum Schluss sollten Sie ein feinmaschiges Drahtgitter über die Jauchetonne legen, damit Vögel oder kleine Tiere nicht hineinfallen und ertrinken. Da Jauche bekanntlich wenig angenehme Gerüche verbreitet, geben Sie gleich zu Anfang einige Tropfen Baldrian-Blütenextrakt oder eine Hand voll Steinmehl in die Brühe. Beide Substanzen binden den »Duft« der gärenden Brühe.

Rühren Sie einmal täglich das Wasser und die Pflanzenteile kräftig mit einem Stock um. So gelangt immer wieder Sauerstoff in den Zersetzungsprozess. An einem warmen, sonnigen Platz vollzieht sich die Umwandlung in Jauche schneller als im kühlen Schatten.

Je nach Witterung ist die Gärung nach 10–20 Tagen abgeschlossen. Die Jauche hat sich dann »beruhigt«. Über die fertige Brühe sollten Sie auf jeden Fall einen Deckel legen, um die Nasen Ihrer Nachbarn zu schonen.

Die Brennnessel-Jauche kann nun nach Bedarf verwendet werden. Verdünnen Sie den Ansatz 1:10 mit Wasser. Dann können Sie diesen milden Flüssigdünger an alle Gemüse (mit Ausnahme von Bohnen, Erbsen, Knoblauch und Zwiebeln), an Stauden, Sommerblumen, Rosen, Beerensträucher und Obstbäume verteilen. Die Brennnessel-Jauche wird direkt in den Wurzelbereich gegossen. Schon bald zeigen die Pflanzen durch kräftig-grüne Blattfärbung und gesunden Wuchs, wie gut ihnen diese Nahrung bekommt. Bei richtiger Anwendung gibt es weder Verbrennungen noch Geilwuchs.

Dieser preiswerte Naturdünger ist nicht nur eine wertvolle Nahrungsquelle, er kräftigt die Pflanzen auch »von innen« und macht sie widerstandsfähig gegen Krankheiten und Schädlinge.

Gießen Sie die verdünnte Brennnessel-Jauche direkt in den Wurzelbereich der Pflanzen. Sie eignet sich für starkzehrende Gewächse wie Kohl und Tomaten ebenso wie für Blumen und Obstgehölze.

Gründüngung – die Bodenkur aus der Samentüte

Eine Düngung auf pflanzlicher Basis können Sie durch einfache Aussaat direkt auf dem Beet erreichen. Die so genannten Gründüngungspflanzen werden als »Zwischenfrucht« eingeschaltet, um den Boden zu regenerieren, zu lockern und mit Nährstoffen anzureichern.

Geeignet für diese Art der Bodenverbesserung sind eine ganze Reihe von Pflanzen-Spezialisten, zum Beispiel **Lupinen, Kleearten, Phacelia** (Bienenfreund) und **Senf.**

In einem kleinen Nutzgarten bietet sich die Gründüngung vor allem für abgeerntete Beete an. Im Spätsommer können Sie noch eine rasch wachsende Mischung aus Lupinen und Klee aussäen. Kleine Portionen für den Hausgarten bekommen Sie im Samenfachhandel. Lupinen und Klee gehören zu den Leguminosen oder Schmetterlingsblütlern. Sie bilden in Zusammenarbeit mit bestimmten Bakterien an ihren Wurzeln Stickstoffknöllchen. Dadurch werden auf natürliche Weise neue Nährstoffe angereichert. Außerdem lockern die tief reichenden Wurzeln die Erde auf. Das grüne Blattwerk können Sie abschneiden und dann als Mulchmaterial verwenden. Es eignet sich auch gut zum Kompostieren.

Steinmehle – Bodenverbesserung ohne Risiko

Steinmehl wird bei der maschinellen Bearbeitung von Gesteinen gewonnen. Die Inhaltsstoffe variieren, je nachdem welcher Fels benutzt wird. Allen gemeinsam ist aber ein großer Reichtum an lebenswichtigen Spurenelementen. Dazu zählt Magnesium, das zur Bildung des Blattgrüns beiträgt. Gesteinsmehle gehören nicht zu den Düngern. Sie sind aber in der Lage, die Qualität des Gartenbodens wesentlich zu verbessern. Die Mineralstoffe und Spurenelemente, die im wertvollen Staub enthalten sind, werden in der Erde nur langsam aufgelöst. Dabei spielen die Mikroorganismen eine wesentliche Rolle. In humusreichem Boden wirkt Steinmehl deshalb besonders intensiv.
Wichtig sind aber auch besondere physikalische Eigenschaften der Steinmehle: Sie sind nämlich in der Lage, ihre Oberfläche weit auszudehnen. Dadurch verbessern sie die Fähigkeit des Bodens, Wasser und Nährstoffe zu speichern. Steinmehle wirken auf die Dauer wie eine Sparbüchse in der Erde.
Wo regelmäßig fruchtbarer Gesteinsstaub ausgestreut wird, da stehen den Mikroorganismen und Pflanzenwurzeln ständig kleine, aber wichtige Nahrungsmengen auf Abruf zur Verfügung. Die Krümelstruktur verbessert sich, und die wertvollen Huminstoffe vermehren sich.
Dennoch ist Gesteinsmehl nicht gleich Gesteinsmehl. Der Gehalt an Kalk, Magnesium, Kali und Ton wechselt, je nachdem, woher das Ausgangsmaterial stammt. Stark kalkhaltige Steinmehle sollten nur dort verwendet werden, wo Erde und Pflanzen auch Kalk benötigen. Achten Sie auf die Zusammensetzung!

Gründüngung, wie hier die blühende Senfsaat, regeneriert und lockert den Boden. Diesen pflanzlichen Dünger können Sie gut auf abgeernteten Beeten im Spätsommer einsetzen.

Tonmehle

Eine besondere Form der Gesteinsmehle sind die Tonmehle. Sie werden aus Tongestein gewonnen, das durch die Verwitterung vulkanischer Aschen entstand. Unter dem Namen Bentonit sind sie im Handel erhältlich. Tonmehle sind außergewöhnlich quellfähig. Sie können große Mengen Wasser binden. Deshalb eignen sie sich besonders zur Strukturverbesserung leichter, sandiger Böden. Tonmehle sind reich an wertvollen Mineralien. Außerdem speichern sie auch die Hauptnährstoffe Stickstoff, Phosphor und Kali im Boden. Diese werden nicht mehr so leicht ausgewaschen und ins Grundwasser geschwemmt.
Mit Gesteinsmehlen können auch die Anfänger unter den Biogärtnern keine groben Fehler machen. Eine Überdüngung ist nicht zu befürchten. Wer ein ausgewähltes Steinmehl mäßig aber regelmäßig auf den Gartenbeeten und beim Kompostieren verwendet, der steigert die Fruchtbarkeit der Erde ohne Risiko.

Mulchen – der Natur abgeschaut

Manche Gärten sehen so blank gefegt aus, als würden sie täglich mit dem Staubsauger behandelt. Nirgends sprießt ein ungebetenes Unkraut zwischen den Kulturpflanzen. Nirgends liegt ein braunes Blatt in der Rabatte. Überall zwischen den Gewächsen breitet sich fein geharkte »saubere« Erde aus. Man kann es schon von weitem sehen: Hier wird für Ordnung gesorgt!

Kleine Wald-Lehrstunde

Der Gärtner, der einen solchen Garten mit viel Arbeit pflegt, ist sicher stolz auf das Ergebnis seiner Mühen und auf die anerkennenden Blicke, die der Nachbar über den Gartenzaun wirft. Wenn aber der gleiche Gartenfreund im Urlaub durch einen herrlichen Mischwald wandert, betrachtet er wohlgefällig den abwechslungsreichen Pflanzenteppich zu Füßen der Bäume. Kräuter, Gräser und Blumen gedeihen hier einträchtig nebeneinander. Trockene Halme, dürre Ästchen und abgefallenes Laub sind im Sommer schnell überwuchert von einer lebendigen Pflanzengemeinschaft. Und überall riecht es nach duftender Walderde.

Niemals wird der Wald gedüngt. Und doch ernährt er alle seine Gewächse und unzählige Bäume so gut, dass sie zu mächtigen Gestalten heranwachsen. Wenn ein naturliebender Gärtner sich einmal still auf einen Baumstumpf setzen und die lebendige kleine Welt zu seinen Füßen beobachten würde, käme er zu der Erkenntnis: Dieses üppige Wachstum ist nur möglich, weil niemand im Wald Unkraut jätet und Blätter wegfegt. Alle abgestorbenen Pflanzenteile fallen zu Boden und decken ihn mit einer lockeren Schicht organischer Substanzen zu. Langsam aber stetig verrottet dieses Material. Es wird von den Kleintieren und Mikroorganismen des Bodens in Humus und Nährstoffe umgesetzt. So wächst unter der Pflanzendecke des Waldbodens ständig neue, nahrhafte Erde nach. Diese lautlos, aber sehr ergiebig arbeitende »hauseigene Düngerfabrik« ist in der Lage, Jahrzehnte, sogar Jahrhunderte lang eine ungeheure Fülle großer und kleiner Gewächse zu ernähren.

Auf dem Heimweg von dieser kleinen Wald-Lehrstunde wird es jedem aufmerksamen Gartenfreund auffallen, dass die Natur nirgends eine »nackte Schönheit« ist. Wo auch immer durch Menschen, Tiere oder Witterungseinflüsse die Erde offen liegt, da sprießen sehr bald die ersten Wildkräuter aus dem Boden. Die Natur greift auf ihren unerschöpflichen Vorrat schlafender Samen zurück und zieht so rasch wie möglich eine grüne Decke über die ungeschützte Stelle. Wegränder, Bahndämme, brachliegende Fel-

Der Waldboden ist Vorbild für die Praxis des Mulchens im Biogarten. Unter der lockeren Laubschicht reift in der Natur ständig fruchtbarer Humus nach, der die Bäume ernährt.

Dass Bodendecken nicht unordentlich aussehen, beweist diese vorbildlich gemulchte Mischkultur. Außer gemulchten Gartenabfällen kann man auch Grasschnitt als Mulchmaterial verwenden.

der oder Schuttflächen – alles wird mit Pflanzen zugedeckt.
Wo dies nicht mehr von selbst geschieht, weil durch äußere Einflüsse die Regenerationsfähigkeit der Erde gestört ist, da bleibt der Boden offen liegen und ist allen zerstörerischen Kräften von Wind, Sonne und Regen ausgesetzt. Die fruchtbare Humusschicht wird von der Sonne ausgedörrt, vom Winde verweht oder vom Wasser weggeschwemmt. So entstehen – im schlimmsten Fall – Steppen und Wüsten.

Bodendecken im Garten

Natürlich kann ein nachdenklich gewordener Gärtner die Erkenntnisse seines Waldspazierganges nicht einfach auf seine Gemüsebeete übertragen. Ein Garten – auch ein naturgemäßer Garten – ist keine Wildnis, sondern kultiviertes Land. Er braucht die pflegende Hand des Gärtners, wenn Obstbäume und Kohlpflanzen gute Ernten bringen sollen. Und doch können die Gesetze der Fruchtbarkeit sinngemäß auf Gartenbeete übertragen werden.
Wandeln Sie zum Beispiel das Naturprinzip des bedeckten Bodens in Mulchschichten um. Diese Abdeckungen aus organischem Material sollten sehr sorgfältig behandelt werden. Sie müssen durchaus keinen unordentlichen und ungepflegten Eindruck machen. Im Grunde muss der Gärtner nur seine Sehgewohnheiten ein wenig ändern. Dann entdeckt er auch die Schönheit einer Laub- oder Grasdecke.

Die Vorteile des Mulchens

- Unter einer Bodendecke bleibt die Erde auch in heißen Sommerwochen lange feucht, locker und wohltemperiert. Der Gärtner braucht weniger zu harken und zu gießen.
- Das gemischte organische Material wird von den Bodentieren als Nahrung angenommen und ständig an Ort und Stelle in nahrhaften Humus umgesetzt. Der Gärtner braucht weniger zu düngen.
- Die feucht-warme, aber luftige Atmosphäre bietet den nützlichen Mikroorganismen ebenso wie den Regenwürmern beste Lebensbedingungen. Bei der regen Tätigkeit von Bakterien, Pilzen und anderen Kleinstlebewesen wird im Boden viel Kohlensäure erzeugt, die durch das lockere, krümelige Gefüge zur Oberfläche aufsteigt. Die Pflanzen nehmen diesen für ihren Stoffwechsel wichtigen Stoff durch Spaltöffnungen an der Unterseite der Blätter auf. Das reichliche Kohlensäureangebot ist eine der Erklärungen dafür, dass Pflanzen auf gemulchten Beeten besonders gesund und üppig wachsen. Der Gärtner hat weniger Sorgen mit Krankheiten und Schädlingen.
- Gemulchte Beete ersparen also Arbeit und zusätzliche Kosten. Die Abdeckung unterdrückt das Unkraut. Das Hacken übernehmen die Bodentiere, die den Humus lockern.

Gießen ist nur bei anhaltender Trockenheit nötig. Dünger und Kompost werden nur noch in geringen Nachschubmengen gebraucht. Aber auch das richtige Mulchen will gelernt sein! Achten Sie unbedingt darauf, dass die Decke aus lebendigem Material stets locker ausgebreitet ist. Die Sauerstoffzirkulation ist wichtig für eine harmonische Zersetzung. Wo saftiges, frisches Grün zu dicht aufeinander liegt, da entstehen bald Luftmangel und Fäulnis! Vor allem Grasschnitt darf nie »dick aufgetragen« werden. Am besten lassen Sie die Halme leicht antrocknen, bevor Sie sie als Mulchdecke verwenden.
In nassen Sommerwochen dürfen Sie nur sehr dünne Bodendecken ausbreiten, weil sich unter dichten Schichten die Schnecken gern in Massen verstecken. Erneuern Sie lieber öfter das Mulchmaterial im Laufe des Jahres.

Wenn das Erdbeerbeet mit Stroh gemulcht wird, bleiben die Früchte sauber und die Schnecken werden durch das grobe Material ferngehalten.

Material zum Mulchen

Anfangs erscheint es manchem Gärtner schwierig, genügend Material zur Abdeckung aller freien Flächen zu finden. Bei einiger Aufmerksamkeit und Übung werden Sie aber bald überall Stoff für abwechslungsreiche Bodenteppiche entdecken.
- **Grasschnitt** gibt es fast überall. Achten Sie darauf, dass er keine Samen tragenden Kräuter oder Gräser enthält. Die leicht angewelkten Halme können überall im Garten verwendet werden.
- **Laub** fällt vor allem im Herbst an. Es erzeugt einen leicht sauren Humus und eignet sich besonders gut für Erdbeeren, Himbeeren, Brombeeren, Stachelbeeren, Johannisbeeren, Obstbaumscheiben und als Bodendecke unter Hecken und Sträuchern.
- **Rindenmulch** verrottet langsam und erzeugt ebenfalls sauren Humus. Er eignet sich für Erdbeeren, alle Beerensträucher, Hecken und Wege.
- **Stroh** zersetzt sich sehr langsam; es wird vor allem für Erdbeerbeete verwendet.
- **Gemischtes Material** sollte gehäckselt oder von Hand zerkleinert werden, ehe es als Mulchdecke ausgebreitet wird. Geeignet sind zum Beispiel Erbsenstroh, Gemüseabfälle, welke Blumen, Unkraut, Heckenschnitt usw. Diese Mischung kann überall auf Gemüsebeeten und im Obstgarten als Bodendecke verwendet werden.
- **Brennnesseln** eignen sich als vorzügliches Mulchmaterial für alle Pflanzen des Gartens. Zerschneiden Sie die Stängel in 10–20 cm lange Stücke.
- **Beinwellblätter** ergeben einen gesunden Spezialmulch, der vor allem den Tomaten gut bekommt. Sie können die Blätter aber auch auf anderen Gemüsebeeten ausbreiten oder mit Brennnesseln und Gartenabfällen mischen.
- **Tomatenblätter** werden unter Tomatenpflanzen als Bodendecke ausgebreitet. Das Material gewinnen Sie aus Geiztrieben und ausgebrochenen Spitzen im Spätsommer.

Mischkulturen – gute Nachbarschaft unter Pflanzen

Wer die Natur beobachtet, der entdeckt das Prinzip der gemischten Kulturen überall: Am Waldrand, auf wilden Wiesen und an ungestörten Bahndämmen wachsen immer bestimmte Pflanzengesellschaften zusammen. Sie finden sich unter den Bedingungen ihres Lebensraumes am besten zurecht. Auch untereinander halten sie »gute Nachbarschaft«. In der freien Landschaft gibt es keine einseitige Pflanzenherrschaft. Die Natur bevorzugt die angepasste Vielfalt, denn Gemeinsamkeit macht lebensstark! Natürlich kann man die »wilden« Mischkulturen nicht auf den Garten übertragen, denn den Standort der Gemüsepflanzen bestimmt der Gärtner. Aber bei der Planung seiner Beete kann er auf günstige Nachbarschaftsverhältnisse und eine möglichst abwechslungsreiche Bepflanzung achten.

Durch Mischkulturen vermeidet man, ähnlich wie beim Fruchtwechsel, eine einseitige Auslaugung des Bodens. Der gesunde Wechsel findet bei dieser naturgemäßen Methode aber nicht in einem langen Zeitraum von drei bis vier Jahren statt, sondern er rotiert »vor Ort« auf einem einzigen Beet.

Erprobte Kombinationen

Die Zusammenstellung der Mischkulturen entsteht nicht zufällig. Sie beruht auf jahrzehntelangen Beobachtungen in der Praxis. Oft stammen erprobte Kombinationen aus den Bauerngärten, wo sie sich schon seit Jahrhunderten bewährt haben. Aus solchen Erfahrungen wissen biologische Gärtner, dass manche Gemüsearten sich gegenseitig günstig beeinflussen, andere hemmen sich

Mischkulturen fördern das gesunde Wachstum. Gute Nachbarschaft wirkt sich auch auf das Zusammenleben von Pflanzen günstig aus.

im Wachstum. Gute Nachbarschaft hat also auch Einfluss auf die Qualität der Ernte. Wissenschaftliche Untersuchungen zeigen, dass Wurzelausscheidungen und Düfte eine wichtige Rolle dabei spielen, ob Kohlköpfe und Tomaten »einander grün« sind. Mischkulturen-Beete sind anfangs oft relativ dicht bepflanzt. Die Reifezeit der verschiedenen Gemüsearten sollte aber so eingeplant sein, dass frühe Sorten den länger wachsenden Hauptkulturen rechtzeitig Platz machen. Da die Reihen sich rasch schließen, bleibt der Boden beschattet und feucht. Unkraut kann kaum noch durchdringen. Gut geplante Mischkulturen bringen erfahrungsgemäß reiche und gesunde Ernte.

Mischkultur gegen Schädlinge und Krankheiten

Pflanzen	Schädlinge/Krankheiten
Möhren – Zwiebeln	Möhren- und Zwiebelfliege
Bohnen – Bohnenkraut	Schwarze Läuse
Knoblauch – Erdbeeren	Echter Mehltau
Tagetes – Petersilie	Wurzelälchen (Nematoden)
Wermut – Johannisbeeren	Säulchenrost

Als schädlingsabwehrende Mischkultur hat sich die Kombination von Möhren und Zwiebeln bewährt. Diese Gemüse wehren sich gegenseitig die Möhren- und die Zwiebelfliege ab.

Mischkulturen, die Schädlinge abwehren

Pflanzen beeinflussen sich nicht nur im Wachstum oder in der Aromabildung, sie können sich auch in bestimmten Kombinationen gegenseitig vor Schädlingen und Krankheiten schützen. Diese Möglichkeiten des vorbeugenden Pflanzenschutzes sollte jeder kluge Biogärtner unbedingt nutzen. Weitverbreitet ist die seit altersher bekannte »klassische« Mischkultur von Möhren und Zwiebeln. Diese beiden Gemüsearten wehren sich gegenseitig die Möhren- und die Zwiebelfliege ab. Anstelle der verschiedenen Zwiebelarten können Sie auch Lauch und Schnittlauch als Partner für Möhren und Karotten einplanen.
Außer dieser bekannten Kombination gibt es aber noch viele andere gute Nachbarschaften, in denen sich Pflanzen gegenseitig vor Schädlingen schützen. Kapuzinerkresse, auf Baumscheiben ausgesät, hält zum Beispiel die Blutläuse ab. Bohnenkraut als Randpflanzung schützt das Bohnenbeet vor Schwarzen Läusen. Vorbeugend gegen Pilzerkrankungen wie Echten Mehltau, wirken Knoblauch und Schnittlauch. Setzen Sie einige Pflanzen

Tagetes sind eine ebenso hübsche wie nützliche Mischkultur. Ihre Wurzeln scheiden einen Stoff aus, der die schädlichen Wurzelälchen im Boden vertreibt. Sie eignen sich gut als Randpflanzung zu Tomaten.

zwischen die Erdbeeren und auf die Baumscheiben der Obstbäume.
Ganz besonders empfehlenswert sind die hübschen Studentenblumen *(Tagetes)*. Ihre Wurzeln scheiden einen nemazitiden Stoff aus, der die gefürchteten Wurzelälchen (Nematoden) abtötet. Mit Hilfe eines Blütenteppichs können Sie so Ihren Gartenboden entseuchen, wenn diese Schädlinge sich ausgebreitet haben. Sie schädigen zum Beispiel Erdbeeren, Petersilie oder Christrosen. Ringelblumen *(Calendula)* besitzen ähnliche Wirkstoffe. Sie können mit den Studentenblumen gemischt werden.
Im Obstgarten kann Ihnen der bittere Wermut helfen. Setzen Sie ihn zu den Johannisbeersträuchern. Das intensiv duftende Kraut schützt sie vor Säulchenrost.
Solche Mischkulturen helfen Ihnen, den Garten und seine Pflanzen auf natürliche Weise gesund zu erhalten.

Empfehlenswerte Kombinationen

Pflanze	Gute Nachbarschaft
Buschbohnen	Kohl, Salat, Sellerie, Rote Bete, Bohnenkraut
Erbsen	Möhren, Gurken, Zucchini, Salat, Kohl, Dill
Erdbeeren	Zwiebeln, Knoblauch, Schnittlauch, Salat, Spinat
Gurken	Erbsen, Bohnen, Dill, Salat, Lauch
Kartoffeln	Kohl, Tagetes, Kapuzinerkresse, Kamille, Kümmel
Kohlarten	Tomaten, Kartoffeln, Sellerie, Mangold, Rote Bete, Spinat, Salat, Lauch, Erbsen, Kamille, Kümmel
Kopfsalat	alle Gemüse und Kräuter außer Petersilie und Sellerie
Lauch	Möhren, Sellerie, Tomaten, Salat, Kohl, Erdbeeren
Möhren	Zwiebeln, Lauch, Salate, Mangold, Schnittlauch, Dill
Sellerie	Tomaten, Buschbohnen, Kohl, Lauch
Spinat	alle Gemüsearten; weniger günstig: Rote Bete
Tomaten	Kohl, Spinat, Sellerie, Zichoriensalate, Petersilie, Kapuzinerkresse
Zucchini	Mais, Stangenbohnen, Rote Bete
Zwiebeln	Möhren, Rote Bete, Salat, Erdbeeren, Dill, Kamille, Bohnenkraut

Kombinationen, die sie meiden sollten

Pflanze	Schlechte Nachbarschaft
Bohnen	Zwiebeln, Lauch, Knoblauch, Erbsen, Fenchel
Erbsen	Bohnen, Lauch, Zwiebeln, Tomaten
Kohl	Zwiebeln, Knoblauch, Senfsaat, Erdbeeren
Salat	Petersilie
Tomaten	Fenchel, Kartoffeln, Erbsen

Lebensraum für Nützlinge

In der Kulturlandschaft und auf landwirtschaftlich genutzten Flächen sind viele Lebensräume für Insekten und Kleintiere verloren gegangen. Im Garten aber können Sie manchem Nützling ohne große Mühe wieder einen Zufluchtsort schaffen. Dadurch tragen Gärtner, die mit der Natur zusammenarbeiten möchten, dazu bei, dass die Vielfalt der Lebewesen erhalten bleibt. Gleichzeitig gewinnen Sie aber auch zahlreiche »Mitarbeiter«, die Ihnen helfen, ungebetene Mitesser in Grenzen zu halten.

Nahrung für Schmetterlingsraupen

Beginnen Sie mit einfachen Schritten: Lassen Sie in einer Ecke des Gartens, am Kompost oder neben einer Hecke, ein paar Brennnesselbüsche wachsen. Einige wenige Pflanzen können Sie ohne große Mühe unter Kontrolle halten. Sie dürfen auch nicht für Brennnesseljauche geschnitten werden! Diese halbwilde Nesselecke überlassen Sie den Schmetterlingen. Pfauenauge, Kleiner Fuchs und Admiral können hier ihre Eier ablegen. Die Raupen dieser schönen Falter ernähren sich ausschließlich von Brennnesseln! Wo diese Nahrungsgrundlage fehlt, da können sich die Schmetterlinge nicht vermehren. Wo aber einsichtige Gärtner den Raupen eine Zuflucht bieten, da werden sie sich auch bald an der bunt geflügelten Anmut der Falter erfreuen können.

Insekten-Inseln

Ein kleiner Kräutergarten wird dagegen zum Tummelplatz für Bienen und Hummeln. Diese nützlichen Insekten sind die wichtigsten Helfer bei der Bestäubung. Ohne sie gäbe es kein Obst im Garten! Lassen Sie deshalb jeden Sommer einen Teil der Duft- und Würzpflanzen blühen. Zitronenmelisse, Pfefferminze, Thymian, Oregano und Borretsch verwandeln sich dann in summende Bienengasthäuser, die vom frühen Morgen bis zum späten Abend überfüllt sind. Sehr nützliche Helfer bei der Läusejagd sind die Schwebfliegen samt ihren gefräßigen Larven. Mit Doldenblütlern wie Petersilie, Dill und Wilden Möhren locken Sie diese Insekten und auch den Schwalbenschwanz in Ihren Garten.

Ein blütenreicher Biogarten lockt zahlreiche Schmetterlinge an wie hier die Tagpfauenaugen.

Die Raupen der Tagpfauenaugen brauchen Brennnesseln als Futterpflanzen.

Mit Blüten und Nektar locken Sie die Schwebfliegen in Ihren Garten. Ihre gefräßigen Larven fangen große Mengen Blattläuse.

Der Distelfalter sucht dagegen, wie sein Name verrät, nach Disteln, die seinen Raupen als Nahrung dienen. Wer einmal beobachtet hat, zu welch üppiger Prachtgestalt sich eine wilde Eselsdistel im Laufe eines Sommers entwickeln kann, der wird gerne ein solch stacheliges Exemplar dulden – sich selbst und den Faltern zur Freude. Es geht dabei nicht nur um die Helfer bei der Schädlingsabwehr. »Lohnend« sind auch die vielfältigen Naturbeobachtungen, die das bunte Leben in nächster Nähe möglich macht. Eine Hand voll Wildpflanzen wie Brennnesseln und Disteln sind dafür ein geringer Preis. Man muss nur ihren sinnvollen Platz im natürlichen Zusammenleben wieder erkennen, dann sieht man sie mit ganz anderen Augen und achtet ihre Rolle, die sie auch im Garten spielen können: gezähmte Wildnis, die das Leben schützt.

Ein wenig Unordnung hilft der Natur

Auch wenn das blühende Gartenjahr zu Ende geht, können Sie der Natur noch hilfreich zur Seite stehen. Denken Sie beim Aufräumen nicht nur an die Blicke der Nach-

»Un-Kraut« ist die Geheimsprache des Gartens

»Unkraut ist die Opposition der Natur gegen die Herrschaft der Gärtner.« Dieser humorvoll resignierende Ausspruch ist von dem großen Maler Oskar Kokoschka überliefert. Vielleicht hatte er gerade mit Giersch oder Zaunwinden gekämpft und festgestellt, dass die »grüne Opposition« dabei stets »das letzte Wort« behielt. Jeder Gärtner kann auf ähnliche Weise mit der Natur ins Gespräch kommen. Wer Pflanzen genau und liebevoll beobachtet, der gewinnt wertvolle Erkenntnisse aus eigener Erfahrung. Unkraut gibt es eigentlich überhaupt nicht. Jedes Kraut spielt in der Natur eine sinnvolle Rolle. Es gibt Wildkräuter, Heilkräuter und Würzkräuter. Oft sind alle diese Eigenschaften in einer einzigen Pflanze vereinigt. Unkraut ist dagegen eine egoistische Abwertung aus der Sicht des Menschen: Gewächse, die seinen Nutzpflanzen im Weg stehen, betrachtet er als Konkurrenz, die beseitigt werden muss.
Wildkräuter geben aber auch wichtige Auskunft über die Beschaffenheit des Bodens, sie stehen nicht zufällig an einem Platz. Sie gedeihen nur dort, wo sie Bedingungen vorfinden, die ihrer Veranlagung entsprechen. Unkraut ist immer die Antwort der Natur auf die Bodenverhältnisse. Wer durch naturgemäße Methoden wie Kompost und Mulchen in seinem Garten lockeren Humus schafft, der braucht auf die Dauer nicht mit Hahnenfuß oder Löwenzahn zu kämpfen. Sie verschwinden, weil ihnen die Umgebung nicht mehr passt.
Ehe Sie mit Winden, Giersch und dem Schicksal hadern, sollten Sie sich lieber in einer stillen Stunde auf der Gartenbank fragen: Weshalb konnte denn diese oder jene Unkrautplage in meinem Garten Fuß fassen? Durch welche Kulturfehler habe ich dem Wildwuchs vielleicht selbst den Boden bereitet? Denn jeder Gärtner hat das Unkraut, das er verdient!

barn, sondern auch an die Tiere, die in Ihrem grünen Reich zu Hause sind. Im Herbst suchen viele von ihnen einen Unterschlupf für die kalte Jahreszeit. Aber wo alles allzu ordentlich beiseite geräumt wird, da finden die Tiere keine Bleibe mehr. Wenn Sie in Ihrem Garten ein Gleichgewicht zwischen Nützlingen und Schädlingen fördern möchten, dann müssen Sie hier und dort ein wenig »Unordnung« dulden. Lassen Sie zum Beispiel die Samenstände der Ziergräser, die letzten Staudenastern und auch ein paar Distelköpfe stehen. Im Winter können Sie dann beobachten, wie die bunt gefiederten Finken an den Stängeln auf und nieder turnen. Emsig picken sie die Samenkörner, die ihren Speisezettel ein wenig aufbessern, aus den trockenen Hüllen.

Platz für den Winterschlaf

Andere Tiere bleiben nicht so munter; sie brauchen dringend einen Platz für den Winterschlaf. Lassen Sie in einer stillen Ecke des Gartens einen kleinen Hügel aus Geäst und Laub liegen. Hier findet der Igel ein warmes Versteck.
Dulden Sie auch um Ihren Gartenteich an feuchten Stellen ein wenig ungestörte Wildnis. Blindschleichen und Kröten lieben solche Plätze. Zum Dank fangen sie Ihnen im nächsten Jahr die Schnecken! Ins trockene Haus flüchten dagegen im Herbst die zarten, goldäugigen Florfliegen. Sie überwintern gern in Schuppen, Gartenhäuschen und auf Speichern. Warten Sie dort mit dem Hausputz bis zum nächsten Frühling, denn diese Insekten sind sehr nützlich. Ihre Larven fressen große Mengen Blattläuse.
Wenn Sie die Natur in Ihrem Garten mit aufmerksamen Augen beobachten, dann erscheinen Ihnen die unaufgeräumten Ecken plötzlich besonders lebendig und interessant. Die »Unordnung« wird Sie dann nicht mehr stören, sondern zu einer Quelle natürlicher Freuden werden. Es kommt eben, wie überall im Leben, auf den richtigen Blickwinkel an.

Hecken schützen Vögel und Gärten

Gärten waren seit alten Zeiten umhegte, eingefriedete Plätze. Schon immer wurden sie durch dichte Hecken vor neugierigen Blicken und ungebetenen Eindringlingen geschützt. Solche lebendigen grünen Mauern sorgen aber auch für ein günstiges Kleinklima im Gartenbereich. Sie halten raue Winde ab und regulieren die Feuchtigkeit. In der Nähe der Stadt dämpfen sie auch Straßenlärm und filtern den Staub aus der Luft.
Für einen Gärtner, der nach naturgemäßen Gesichtspunkten arbeitet, haben Hecken noch einen weiteren wichtigen Vorteil: Sie bieten Vögeln und Kleintieren Lebensraum,

Der hübsche Grünling lässt sich die Sonnenblumenkerne schmecken. Wo Vögel im Garten Lebensraum finden, da helfen sie fleißig bei der Schädlingsjagd!

Der Feuerdorn gehört zu den Heckengehölzen, die vielen Tieren Schutz und Nahrung bieten.

die in der Umgebung oft keine Nistplätze mehr finden. Wenn eine Hecke regelmäßig geschnitten wird, bedeutet dies eine Störung der »Untermieter«. Deshalb sind locker wachsende Einfriedungen aus Blüten- und Beerensträuchern für Biogärten besonders geeignet. Solche Hecken wirken sehr malerisch; Sie können damit auch einen Nutzgarten zur Straße oder zum Nachbarn abgrenzen.

Eine bunte Auswahl

Zahlreiche beliebte Schmuckgehölze können für diesen Zweck verwendet werden. Wählen Sie zwischen Forsythien, Falschem Jasmin, Flieder, Kolkwitzien, Felsenmispeln, Blutjohannisbeeren, Pfaffenhütchen, Ranunkelstrauch, Schneeball, Sommerflieder und Spiersträuchern. Nützlichen und farbenfrohen Beerenschmuck tragen Berberitzen, Feuerdorn und Sanddorn. Für die Vögel, die in den Büschen nisten, bieten diese Gehölze einen reich gedeckten Tisch.
Sie können alle diese Sträucher zu einer bunt gemischten Hecke zusammenstellen. Dazu passen auch noch reich blühende Strauchrosen, wie zum Beispiel die Chinesische Goldrose *(Rosa hugonis)*, die Kartoffelrose *(Rosa rugosa)*, die Kapuzinerrose *(Rosa lutea)* und die duftende Wildrose *Rosa multiflora* mit weißen Blütenrispen und zierlichen roten Hagebutten. Für ländliche Hecken pflanzen Sie außerdem Kornelkirschen *(Cornus mas)* und Holunder oder traditionelle Schnitthecken aus Hainbuchen.
Wenn die Blütenhecke in den folgenden Jahren dicht zusammenwächst, sollten Sie am Boden etwas Gras, Wildkräuter, Laub und dürre Zweige dulden. Im Schutz dieses natürlichen Dickichts finden nützliche Tiere wie Igel oder Spitzmäuse Unterschlupf. Sie danken es dem Gärtner, indem sie zahlreiche Schädlinge im Garten wegfressen.

Kleine Tiere – große Hilfe

Die hübschen roten Marienkäfer hat jeder gern. Vielleicht bringen sie ja sogar Glück! Pech haben dagegen manche anderen kleinen Tiere im Garten: Sie werden erschlagen und zertreten. Denn schwirrende und krabbelnde Wesen lösen oft unbewusste Abwehrreaktionen aus. »Ungeziefer!« denkt der Gärtner und beseitigt eigenhändig die kleinen Helfer, die ihm – hätte er sie nur erkannt – so manche Laus vom Baum fressen würden.
Wer mit der Natur zusammenarbeiten und Giftspritzungen in seinem Garten vermeiden möchte, der muss die Tiere, die ihm bei der Schädlingsabwehr helfen, kennen und erkennen.

Insekten

• **Marienkäfer** sind nicht immer rot. Sie können unter den schwarzen Punkten auch

In dieser Blattlaus-Kolonie findet der hungrige Marienkäfer reichlich Nahrung. Wo diese Käfer und ihre Larven auftauchen, da braucht sich der Biogärtner um Schädlingsabwehr keine Sorgen mehr zu machen.

gelb gefärbt sein. Die Larven haben eine graublaue Körperfarbe, die gelb gepunktet ist. Käfer und Larven vertilgen große Mengen Blattläuse. Eine hungrige Marienkäfer-Larve bringt es in ihrer kurzen Lebenszeit auf 350 bis 400 Stück.

• **Ohrwürmer** gehören zu den nützlichen Insektenräubern, die nachts auf Jagd gehen. Die braunen, schmalen Tiere mit der »Zange« am Hinterleib tun keinem Menschen etwas zuleide. Sie kriechen auch nie in Ohrgänge! Wer Blumentöpfe mit Holzwolle füllt und in seine Obstbäume hängt, der macht sie darin heimisch. Sie verkriechen sich tagsüber im schützendem Gehäuse und gehen nachts an Ort und Stelle auf Blattlausjagd.

• **Florfliegen** erkennen Sie an durchsichtigen grüngeäderten Flügeln und runden Goldaugen. Sie werden auch Blattlauslöwen genannt. Ihre Eier hängen an »Stielen« unter den Blättern. Die bräunlichen Larven besitzen zangenförmige Kiefer, mit denen sie 18 Tage lang Blattläuse, Spinnmilben, Schild- und Blutläuse aufspießen. Eine Larve frisst 200–500 Schädlinge. Dann spinnt sie sich ein. Erwachsene Florfliegen überwintern in kühlen Speichern und Gartenhäuschen.

• **Schwebfliegen** werden oft mit Wespen verwechselt und deshalb verfolgt. Sie sind ebenfalls schwarz-gelb gemustert, aber ihr Körper ist nur 7–15 mm lang. Sie erkennen sie beim genauen Hinsehen an ihrem schnellen, lautlosen Flug. Sie können ihre Flügel so rasch bewegen, dass sie in der Luft fast »stehen bleiben«. Schützen Sie die harmlosen Schwebfliegen immer! Sie leben von Honigtau und helfen mit bei der Bestäubung. Ihre Eier legen sie mitten in Blattlauskolonien ab. Die Larven, die dort ausschlüpfen, sehen aus wie helle Maden. Sie fallen sofort über die Blattläuse her.

Igel

Zu den vertrauten, in vielen Gärten heimischen Gästen gehören die Igel. Fast jedes

Ein künstliches Haus nimmt der Igel gern als schützendes Winterversteck an.

Erdkröten sind keine Schönheiten, aber sie verdienen den Respekt des Gärtners. Ihre Nahrung besteht aus Schnecken, Insekten und Würmern.

Vor Blindschleichen muss sich niemand fürchten – sie gehören nicht zu den Schlangen! Diese nützlichen Tiere zählen zu den Schneckenjägern!

Kind kennt die kleinen Stacheltiere, die sich, wenn Gefahr droht, zu einer wehrhaften Kugel zusammenrollen. In dichten Hecken, unter denen die Blätter liegen bleiben, in Laubhügeln oder ungestörten Reisighaufen finden die Igel Lebensraum und Winterschutz. Wenn es irgendwo unter einem Strauch raschelt und schnauft, dann ist der stachelige Gartenhelfer auf Nahrungssuche. Auf seinem Speiseplan stehen Schnecken, Larven, Würmer und Insekten. Selbst vor jungen Mäusen schreckt er nicht zurück. Im Herbst lässt er sich auch schon einmal einen abgefallenen Apfel munden. Der sei ihm gegönnt nach so viel tatkräftiger Mithilfe im Garten!

Erdkröten

Leider sehen die warzigen Kröten in den Augen vieler Menschen hässlich aus. Sie ekeln sich vor diesen Tieren, die doch eine so nützliche Rolle im Garten spielen können. Betrachten Sie einmal in Ruhe die geheimnisvollen Goldaugen der Kröten – vielleicht gewinnen Sie dann eine andere Einstellung zu diesen Lurchen. Kröten fangen in Ihrem Garten, wenn sie dort heimisch werden, Nacktschnecken, Insekten und Würmer. Ein kleines Wasserbecken mit einer sumpfigen Uferzone bietet ihnen Lebensraum. Legen Sie möglichst eine schützende Randpflanzung aus Gräsern, Taglilien, Blutweiderich, Dreimasterblumen und ähnlichen Gewächsen an. Darin können Kröten und auch Frösche sich verstecken.

Blindschleichen und Eidechsen

Zu den nützlichen, für den Menschen ganz ungefährlichen Reptilien zählen Blindschleichen und Zauneidechsen. Die schlanken bräunlichen Blindschleichen gehören nicht zu den Schlangen, obgleich sie viele Menschen instinktiv an gefährliche Gifttiere erinnern. Sie sind ganz harmlos, lieben feuchte Gartenecken und fangen in aller Stille Nacktschnecken, Insekten und Würmer, Jeder Gärtner, der mit der Natur arbeitet, sollte den Blindschleichen gerne »Asyl« gewähren.

Sehr nützlich machen sich auch die Zauneidechsen, die gern auf trockenen Mauern in der Sonne liegen. Sie ernähren sich von Würmern, Nacktschnecken, Insekten und Raupen.

Spitzmäuse

Manchem Gärtner hat die Katze schon in der Nacht eine tote Spitzmaus vor die Tür gelegt. Die samtpfotigen Räuber fressen diese Beute nicht, weil sie so unangenehm nach Moschus riecht. Der Tod der Spitzmaus ist leider ganz sinnlos. Bliebe sie am Leben, so ginge sie im Dunkeln der Nacht emsig auf die Jagd nach Schnecken, Insekten und Larven. Spitzmäuse fressen ihr Leben lang große Mengen Schädlinge, weil sie täglich so viel Nahrung zu sich nehmen müssen, wie sie selber wiegen. An den Pflanzen des Gärtners richten die Tiere keinerlei Schaden an. Sie graben nicht einmal Gänge, sondern wohnen in natürlichen Erdhöhlen oder Nestern, die andere Tiere verlassen haben. Leider gehören auch die Spitzmäuse zu denjenigen Tieren, die die Menschen oft für hässlich und deshalb schädlich halten. Schlagen Sie diese Mäuse nicht unbedacht tot. Sie erkennen sie an einem spitzen Rüsselschnäuzchen und an einem kurzen Schwanz, der sie von Feldmäusen und Hausmäusen unterscheidet.

Ein Gärtner, der mit der Natur zusammenarbeiten möchte, sollte sich bemühen, die Mitgeschöpfe in seinem Lebensraum immer besser kennen zu lernen. Er wird mit der Zeit von selbst bemerken, dass es ungerecht und kurzsichtig ist, Tiere als hässlich oder eklig zu bezeichnen, die auf ihre Weise so viel Gutes und Nützliches zum großen Wechselspiel des Lebens beitragen. Wer sie gewähren lässt, der gewinnt verlässliche Bundesgenossen, die manche Gartenarbeit kostenlos übernehmen. Er kann dann gelassen wie Goethe feststellen: »In der Natur ist ein ewiges Auf und Ab von Nützlingen und Schädlingen. Lasst sie nur alle, dann frisst das eine das andere auf.«

Der Regenwurm – die Kuh im Acker

Einer der wichtigsten Helfer im Biogarten lebt still und bescheiden in der Erde: der Regenwurm. Seine nützliche Tätigkeit dient nicht der Schädlingsabwehr, sondern der Verbesserung des Gartenbodens. Diesen Mitarbeiter aus dem Lager der Natur, der ohne Hände und Füße ein unglaubliches Arbeitspensum bewältigt, müssen Sie unbedingt näher kennen lernen. Dann werden auch Sie den kleinen »Ackerbauern« zu Ihren besten Freunden im Garten zählen.

Der Körper des Regenwurms ist wie ein einziger großer Darmkanal konstruiert. Ein ganzes Leben lang stopft er an einem Ende Erde und pflanzliche Abfälle in sich hinein. Am anderen Ende scheidet er fruchtbare kleine Humushäufchen aus. Im Körper des Wurms vermischen sich nämlich organische Subs-

Spitzmäuse fallen oft der Jagd zum Opfer: bei Katzen und bei Menschen. Wie ungerecht – diese nützlichen Tiere fangen große Mengen Insekten, Larven, Engerlinge, Drahtwürmer und auch Schnecken.

Der Regenwurm gehört zu den besten Freunden eines Biogärtners. Niemand lockert den Boden so gründlich wie dieser unscheinbare Wurm. Im Kompost und unter nahrhaften Mulchdecken fühlt er sich besonders wohl.

tanzen und mineralische Bodenteilchen mit einem Verdauungssekret. Das Ergebnis sind dauerhafte Humuskrümel.

Dünger zum Nulltarif

Die charakteristischen Regenwurmhäufchen, die jeder Gärtner kennt, enthalten erstaunlich hohe Nährstoffkonzentrationen: im Durchschnitt siebenmal so viel Phosphor, elfmal so viel Kali, fünfmal so viel Stickstoff, zweimal so viel Kalk und zweieinhalbmal so viel Magnesium wie die umliegende Erde. Diese kostenlose Düngerfabrik fällt durchaus »ins Gewicht«, wenn Sie bedenken, dass Regenwürmer gute Garten- oder Ackererde in Scharen bevölkern. In 1 Hektar Ackerboden wiegen die »gesammelten Regenwürmer« so viel wie eine Kuh. Deshalb nannten Wissenschaftler den kleinen Regenwurm auch »die Kuh im Acker«.
Das altbekannte Sprichwort »Kleinvieh macht auch Mist« trifft auf die Regenwürmer ganz besonders zu. Dort, wo sie ungestört leben und wirken können, wandert das gesamte Erdreich ständig durch ihre Körper. Der Humus wird gewissermaßen im Zeitlupentempo umgewendet und mit Nährstoffen angereichert. Die Gänge der Regenwürmer führen zum Teil metertief ins Erdreich. Sie sind mit den wertvollen Ausscheidungen der Tiere »tapeziert« und gleichen einem hervorragenden Durchlüftungssystem. Auch das Regenwasser rinnt in diese weit verzweigten Kanäle und kann sich so auf natürlichen Wegen im Erdreich verteilen. Die Wurzeln der Pflanzen folgen gern den Gängen der Regenwürmer; sie finden dort auf angenehmste Weise Nahrung und Feuchtigkeit.

Lieblingsspeisen

Die »kleine Viehherde im Boden« geht vor allem im Schutz der Dunkelheit auf Nahrungssuche. Niemals fressen die Tiere dabei gesunde Wurzeln oder Pflanzen an. Regenwürmer lieben organische Abfälle, die schon in Zersetzung übergehen. Welke Blätter und abgestorbene Wurzeln gehören zu den Hauptbestandteilen ihres Speiseplans. Besondere Leckerbissen nach Regenwurmgeschmack sind Zwiebelschalen, Lauchreste, Kaffeesatz und zerkleinerte, feuchte Wellpappe. Mit solchen »Delikatessen« können Sie die nützlichen »Heinzelmännchen« in Ihren Komposthaufen locken, wo sie wertvolle Arbeit bei der Umsetzung des Abfalls in neue Erde leisten.
Vielleicht gehen Sie nun einmal in der Abenddämmerung auf einen Entdeckungsspaziergang im Garten, um das Leben der kleinen Gehilfen, selber zu beobachten. Wenn Sie Glück haben, hören Sie einen Regenwurm sogar leise schmatzen unter einem Laubblatt. Wenn Sie es soweit gebracht haben, gehören Sie zu denjenigen, die mit der Natur in einem fruchtbaren Dialog stehen. Der Fruchtbarkeit Ihres Gartens steht dann nichts mehr im Wege.

Natürlicher Pflanzenschutz im Biogarten

Vorbeugen ist der erste Schritt zur Gesundheit

Pflanzenschutz sollte nicht nur aus Feuerwehraktionen bestehen. Wenn eine Krankheit ausgebrochen ist, wird guter Rat oft zu einer teuren Angelegenheit. Als viel klüger und preiswerter erweist sich vernünftige Vorsorge. Mancher Plage kann man aus dem Weg gehen, wenn man ihr rechtzeitig die Grundlage entzieht.
Solche vorbeugenden Maßnahmen spielen im naturgemäßen Garten eine besondere Rolle. Biogärtner handeln stets nach dem Grundsatz: Auf gesundem Boden wachsen auch gesunde Pflanzen. Deshalb gilt der Humuspflege ihre besondere Aufmerksamkeit. Darüber hinaus gibt es aber eine Fülle von speziellen Rezepten und Mittel, die zum richtigen Zeitpunkt eingesetzt werden müssen.

Beobachten und Erfahrungen sammeln

Es sind im Grunde sehr einfache Maßnahmen, die Pflanzen vor Schäden bewahren. Sie entsprechen den Gesetzen der Natur. Jeder Gärtner, der sich die Zeit nimmt, das Wachsen und Blühen in seinem Garten aufmerksam zu beobachten, kommt fast von selbst zu solchen Erkenntnissen. Vielleicht sollten wir uns wieder viel mehr auf unsere eigenen Augen und Ohren verlassen und eingefahrene Gewohnheiten einmal kritisch überprüfen. Probieren Sie die Ratschläge aus der naturgemäßen Praxis selber aus, und vertrauen Sie Ihren eigenen Erfahrungen!
Vor allem: Bleiben Sie geduldig.
»Knopfdrucklösungen« zeigen zwar oft kurzfristig schnelle Erfolge, aber das dicke Ende der ungewollten Nebenwirkungen folgt meist noch lange nach.

Wildkräuter wie Brennnesseln, Ackerschachtelhalm und Beinwell liefern das kostenlose Material für natürliche Spritzbrühen.

Standort und Sortenwahl

Manche Schäden und große Enttäuschungen können Sie vermeiden, wenn Sie von Anfang an solche Sorten auswählen, die dem Klima und den Bodenverhältnissen in Ihrem Garten angepasst sind. Apfelbäume brauchen zum Beispiel feuchten Boden und möglichst auch Luftfeuchtigkeit. An trockenen, sonnigen Hängen werden sie schlecht wachsen und immer anfällig für Krankheiten bleiben. Rosen lieben dagegen die Sonne. Nur an warmen, freien Plätzen werden sie ihre herrlichen Blüten gesund entfalten. Im Schatten sind Rosen besonders anfällig für Pilzinfektionen.
Achten Sie beim Kauf von Saatgut oder Pflanzen auf krankheitsresistente Züchtungen, zum Beispiel auf Stachelbeeren oder Astern, die nicht mehltauanfällig sind. Auch diese umsichtige Wahl beugt bereits Schäden vor. Luftige Pflanzung verhindert ebenfalls einen starken Pilzbefall. Stickig-enge Verhältnisse bieten diesen Infektionen dagegen beste Verbreitungsbedingungen. Im Grunde

verhält es sich mit den Pflanzen im Garten oft ähnlich wie mit dem Gärtner: Menschen, die sich vernünftig ernähren und kleiden, die sich abhärten und regelmäßig an der frischen Luft bewegen, solche Menschen entwickeln genügend eigene Widerstandskraft. Sie können unbesorgt in eine überfüllte Straßenbahn steigen, die von Grippebazillen wimmelt. Es »erwischt« sie nicht! Auch Pflanzen, die in guter Erde am richtigen Standort aufwachsen, die nicht überdüngt werden, aber auch nicht hungern müssen, solche Pflanzen gedeihen kräftig und entwickeln ausreichende Widerstandskraft. An ihrem gesunden Gewebe beißen sich die Läuse »die Zähne aus«, das heißt, sie wandern lieber gleich zu schwächlichen Gewächsen, mit denen sie leichteres Spiel haben. Krankheiten und Schädlinge breiten sich vor allem dort aus, wo sie von Schwachstellen angelockt werden. Deshalb ist eine naturgemäße Anzucht, die die Pflanzen stärkt, auf die Dauer die sicherste Vorsorge.

Die zarten Florfliegen (oben) gehören ebenso zu den emsigen Blattlaus-Vertilgern wie die gefräßigen Larven der Marienkäfer (unten).

Keine Panik, wenn die Läuse kommen

Die kleinsten Tiere scheinen bei den Gärtnern oft die größte Panik auszulösen. Kaum tauchen ein paar grüne Blattläuse an den Rosenknospen auf oder ein paar Schwarze Läuse am Kirschbaum, da greifen sie zur Spritze wie ein Vaterlandsverteidiger zur Kanone. Viele Gartenfreunde, die ihre Blumen- und Gemüsebeete auf diese Weise vor drohendem Unheil beschützen möchten, denken gar nicht daran, dass Sie bei Ihrem »Feldzug« Feind und Freund im gleichen Augenblick treffen: Mit den Blattläusen sterben auch Marienkäfer, die Larven der Florfliegen und viele andere nützliche kleine Lebewesen. Wenn aber die natürlichen Feinde vernichtet sind, haben die nachfolgenden, meist resistenten Schädlinge um so freiere Bahn. Harte Maßnahmen sollte man deshalb nur in Notsituationen ergreifen. Bei geringem Schädlingsbefall können sich Gärtner in ihrem überschaubaren, kleinen grünen Reich gut mit solchen Mitteln helfen, die für die übrigen Bewohner des Gartens unschädlich sind.

Natürliche Gegenspieler

Eine wichtige Rolle bei der Läuseabwehr spielen zahlreiche kleine Tiere, die Bestandteil des ökologischen Netzwerks im Garten

Ohrwürmer sammeln sich gern in Blumentöpfen mit Holzwolle. Sie gehen dann an Ort und Stelle auf Läusejagd.

sind. Außer den bekannten **Marienkäfern** und ihren Larven haben auch die Larven der **Schwebfliegen** und **Florfliegen**, **Raubwanzen**, **Schlupfwespen**, **Ohrwürmer** und **Vögel** Läuse auf ihrem Speiseplan. Solche »Mitarbeiter« sollte jeder Biogärtner kennen und schützen.

Einfache Hilfsmittel

Wo Blattläuse in kleinen Mengen auftauchen, da können Sie sie zerdrücken oder mit einem scharfen Wasserstrahl abspritzen. Stark befallene Triebspitzen sollten Sie herauskneifen und vernichten. Manchmal hilft auch ein kräftiger Düngerguss aus Brennnessel-Jauche oder flüssigem Algendünger. Er stärkt die Abwehrkräfte der angegriffenen Pflanzen. Überstäuben Sie befallene Pflanzen mit Algenkalk, Gesteinsmehl oder Holzasche. Diese Abwehrmaßnahmen helfen aber nur bei trockenem Wetter.

Selbstgebrautes für den Notfall

Das Material für wirkungsvolle Spritzbrühen ohne schädliche Nebenwirkungen liefert Ihnen die Natur kostenlos.

• **Rainfarn-Brühe** 300–500 g frische blühende Rainfarnpflanzen *(Tanacetum vulgare)* oder 30 g getrocknetes Kraut werden mit 10 Litern Wasser übergossen. Am nächsten Tag lassen Sie diesen Ansatz 30 Minuten bei geringer Hitze leise kochen. Dann wird die abgekühlte Brühe durchgesiebt und unverdünnt über verlauste Pflanzen und auf den Boden gespritzt.

• **Farnkraut-Brühe** Aus Wurmfarn *(Dryopteris filix-mas)* oder Adlerfarn *(Pteridium aquilinum)* wird eine Brühe hergestellt. Setzen Sie 1 kg frische Blätter oder 100 g getrocknete Pflanzen nach dem gleichen Rezept wie die Rainfarnbrühe an. Die durchgesiebte Flüssigkeit wird unverdünnt gesprüht. Sie wirkt gegen Blattläuse und als Winterspritzung im Obstgarten gegen Schmier- und Blutläuse.

• **Wermut-Tee** Überbrühen Sie 300 g frisches oder 30 g getrocknetes Kraut mit 10 Litern Wasser. Dieser Tee muss 10–15 Minuten

Wermutkraut können Sie auch als Brühe ansetzen wie den Ackerschachtelhalm. Tee oder Brühe wirken gut als Spritzmittel gegen Blattläuse. Wermut wird seit Jahrhunderten im Garten verwendet.

ziehen. Nach dem Abkühlen wird er unverdünnt gegen Läuse ausgespritzt.

- **Schmierseifen-Lösung** Aus reiner Schmierseife (in Apotheken und im Biofachhandel erhältlich) können Sie eine Lösung herstellen, die 2%ig angesetzt wird. Je nach Stärke des Befalls nehmen Sie 150–300 g Seife, die in 10 Litern heißem Wasser aufgelöst wird. Nach dem Erkalten sprühen Sie diese Brühe unverdünnt über die Läuse aus.

Achtung: Schmierseifen-Lösung ist zwar ungiftig, sie kann aber außer für die Blattläuse auch für weichhäutige Nützlingen wie zum Beispiel Schwebfliegenlarven tödlich sein!

Die Blätter des Niembaums werden in Indien seit Jahrtausenden erfolgreich zur Schädlingsabwehr genutzt. Umweltfreundliche Niembaum-Präparate haben sich auch im Biogarten bewährt.

Handelspräparate

Selektiv wirkende Mittel, die nur bestimmte Schädlinge, wie zum Beispiel die Läuse, treffen, sind sicher die Problemlösung, die der Natur am nächsten kommt. Solche Produkte schonen vor allem die überall gleichzeitig vorhandenen Nützlinge. Sie reduzieren ein zeitweises Übergewicht bestimmter Insekten, ohne zerstörend in das ökologische Netz einzugreifen.

Extrakte aus Niembaum-Samen sind zum Beispiel empfehlenswert. Sie enthalten den Wirkstoff Azadirachtin. Blattläuse, die diese Mittel aufnehmen, hören auf zu fressen. Ihr Hormonhaushalt wird gestört, deshalb können sie sich nicht weiter vermehren. Niem-Präparate sind nützlingsschonend und umweltfreundlich. Sie können sie unter verschiedenen Bezeichnungen im Handel kaufen. Bezugsquellen finden Sie im Anhang.

Selektiv wirken auch ***Bacillus-thuringiensis*-Präparate.** Sie werden vor allem gegen Kohlweißlingsraupen eingesetzt. Für die meisten anderen Schmetterlinge sind sie ungefährlich. In akuten Notfällen können Sie die bienenungefährlichen **Pyrethrum-Präparate** benutzen, die im Fachhandel unter verschiedenen Firmenbezeichnungen angeboten werden. Diese Mittel, die aus afrikanischen Margeriten gewonnen werden, sind für Menschen und Haustiere ungiftig, für Läuse und andere Kaltblüter aber tödlich. Leider treffen sie auch Nützlinge wie Marienkäfer und Schwebfliegen. Benutzen Sie sie deshalb nur, wenn wirklich großer Schaden droht, der durch andere Maßnahmen nicht mehr abgewendet werden kann. Synthetische Pyrethrum-Präparate sind für den naturgemäßen Garten nicht empfehlenswert!

In den meisten Fällen wird es Ihnen aber sicherlich gelingen, mit selbst zubereiteten Naturmitteln die Läuse in Ihrem Garten soweit kurz zu halten, dass sie weder Gemüseernten noch Blumenbeete ernsthaft gefährden. Eine totale »Ausrottung« ist weder nötig noch erstrebenswert. Auch diese kleinen Schädlinge füllen einen wichtigen Platz im ökologischen System aus. Wie sollten sonst die Meisen ihre Jungen satt bekommen, wenn keine einzige Blattlaus im Garten mehr aufzutreiben wäre?

Schnecken-Stop

Schnecken gehören zu den schlimmen Plagegeistern, die auch den friedfertigsten »Naturgärtner« zur Verzweiflung bringen können. Vor allem in verregneten Sommerwochen vermehren sich diese gefräßigen Weichtiere in furchterregendem Tempo. Die großen braunen, roten oder schwärzlichen Wegschnecken kann ein aufmerksamer Gärtner leicht finden und einsammeln. Viel schwieriger sind dagegen die kleinen grauen, erdbraunen oder schwarzen Nacktschnecken aufzutreiben. Sie verstecken sich über Tag in der lockeren Erde der Gartenbeete und gehen erst in der Dunkelheit »auf Raub« aus. Ihre Tarnfarbe schützt sie hervorragend vor der Entdeckung. Und ehe der Gärtner sich versieht, sind seine zarten Salat- und Gemüsepflanzen »abgeweidet«.
Solche Schäden muss man auch im naturgemäßen Garten nicht tatenlos hinnehmen. Es gibt eine ganze Reihe bewährter Mittel, die die Schnecken entweder von den Beeten fernhalten oder die die Tiere in Fallen locken. Alle diese Bio-Methoden sind ungefährlich für die nützlichen Tiere des Gartens. Sie treffen nur die Schnecken.
Besonders intensiv wirkt die naturgemäße Schneckenabwehr, wenn Sie mehrere Maßnahmen miteinander kombinieren. Die Wirksamkeit der Streumittel und der Abwehrpflanzen kann, je nach Bodenbeschaffenheit und Klima, etwas variieren. Auf diesem Gebiet müssen Sie ein wenig experimentieren. So werden Sie bald herausfinden, was in Ihrer individuellen Gartensituation am besten funktioniert. Sie können unter einer Vielzahl von Methoden wählen.

Beugen Sie vor – dann haben Sie nicht das Nachsehen

Der vorbeugende Schutz gegen Schnecken beginnt schon sehr frühzeitig:
- Im Spätsommer oder Herbst paaren sich die Schnecken und legen ihre Eier ab. Achten Sie auf die perlweißen runden Kügelchen und vernichten Sie sie. So wird die Vermehrung bereits gestoppt.
- Im Spätherbst verkriechen sich die letzten Schnecken im Erdreich. Sie benötigen dafür vorhandene Hohlräume, weil sie selbst keine Löcher graben können. Wenn Sie Ihre Beete von Unkraut und Ernteresten säubern und die oberste Erdschicht ganz glatt harken, versperren Sie den Schnecken mögliche Schlupfwinkel.
- Mulchen Sie nur in dünnen Schichten, damit die Schnecken sich nicht unter dieser angenehmen Decke im feuchten Untergrund verstecken können. Es ist sinnvoller, das Mulchmaterial öfter zu ergänzen.
- Wässern Sie nicht am Abend, vor allem der Regner hat dann gefährliche Auswirkungen: Da Schnecken in der Nacht unterwegs sind, werden sie von den feuchten Beeten in Scharen angelockt.

Die großen Spanischen Wegschnecken sind zu einer Plage in unseren Gärten geworden, weil sie keine natürlichen Feinde haben. Wenden Sie alle Maßnahmen an, die die Vermehrung verringern!

• Wo die Schnecken überhand genommen haben, verzichten Sie besser eine Zeit lang ganz auf das sonst so nützliche Mulchen. Hacken Sie Ihre Beete stattdessen regelmäßig mit einem Grubber oberflächlich durch. Bei dieser alten Gärtnermethode wird die Verdunstung der Feuchtigkeit in tieferen Schichten unterbunden. Nur die obere Bodenkrume trocknet leicht aus. So finden die Wurzeln der Pflanzen genügend Wasser, aber die Schnecken wandern von der für sie unangenehm trockenen Beetoberfläche weg.
• Ziehen Sie besonders schneckengefährdete Pflanzen vor. Wenn Sie erst mit großen widerstandsfähigen Blättern in den Garten gesetzt werden, ist ihre Überlebenschance viel größer. Probieren Sie es mit Buschbohnen, Dahlien, Bohnenkraut und Basilikum.

Tiere, die auf Schneckenjagd gehen

Unter den Tieren, die in einem naturgemäßen Garten heimisch werden können, gibt es zahlreiche Verbündete, die mit auf die Schneckenjagd gehen. Schaffen Sie deshalb Lebensraum für **Igel**, **Kröten**, **Blindschleichen** und **Spitzmäuse**. **Amseln** und **Stare** »vergreifen« sich ebenfalls an den Kriechtieren, wenn sie nicht zu groß und zu schleimig sind. Selbst große **Laufkäfer** und **Glühwürmchen** gehören zu den Verbündeten des Gärtners.
Ganz besonders nützlich machen sich die großen **Weinbergschnecken.** Sie vertilgen die Eier der anderen Schnecken und reduzieren damit auf Dauer erfolgreich die Vermehrung. Es lohnt sich, diese Tiere im Garten heimisch zu machen.
Indische Laufenten räumen ganz besonders gründlich unter den Schnecken auf. Sie müssen diesen nützlichen Haustieren allerdings gute Lebensbedingungen mit einer Wasserstelle und einem kleinen Stall schaffen.

Abwehrpflanzen

Sie werden es vielleicht nicht glauben, aber Schnecken können gut riechen! Deshalb üben stark duftende Pflanzen eine gewisse Abwehrwirkung aus. Dazu gehören zum Beispiel Bohnenkraut, Salbei und Thymian. Auch Farnblätter oder Tomatenblätter, die zwischen den Kulturen als Bodendecke ausgelegt werden, schrecken Schnecken ab. Diese Mittel wirken allerdings nur begrenzt. Sie sind stark abhängig von den örtlichen Boden- und Witterungsbedingungen. Setzen Sie Abwehrpflanzen deshalb vor allem als »begleitende Maßnahmen« ein.

Scheckenzäune

Wirkungsvoll sind vor allem Systeme mit nach außen abgewinkelten Kanten, die die Schnecken nicht übersteigen können. Die Einzelelemente solcher Schneckenzäune bestehen meist aus Blechen, die beliebig miteinander kombiniert werden können.

Schneckenzäune bilden sichere Barrieren, die die gefräßigen Kriechtiere nicht überwinden können. Auf solchen Beeten sind vor allem die gefährdeten Jungpflanzen im Frühling gut geschützt.

Sie sind sehr haltbar und können mobil eingesetzt werden. Manche Systeme lassen sich auch als schneckensicheres Frühbeet ausbauen. Gerade die besonders gefährdeten Jungpflanzen sind dort sicher aufgehoben. Bezugsquellen finden Sie im Anhang.

Abwehrstreifen

Wer solche nicht ganz billigen Konstruktionen nicht verwenden möchte, der kann zu einfacheren Mitteln greifen: Streuen Sie Kalk, Gesteinsmehl oder Holzasche als Abwehrstreifen um gefährdete Pflanzen. Die weichhäutigen Schnecken scheuen die scharfen oder ätzenden Bestandteile dieser Substanzen. Solche Mittel wirken allerdings nur bei trockenem Wetter. Gerade bei Nässe, wenn die Schnecken in Scharen unterwegs sind, ist aber Hilfe dringend nötig. Versuchen Sie es dann mit etwas beständigeren Stoffen wie Sägemehl, Fichtennadeln oder scharfem Sand.

Fallen stellen und Sammeln

Um die Tiere zu reduzieren, können Sie auch systematisch Fallen auslegen. Unter Holzbrettern, feuchten Säcken, angewelkten Rhabarber- oder Gemüseblättern und ausgehöhlten Früchten sammeln sich viele Schnecken, weil sie feuchte, dunkle Verstecke lieben. Am Morgen können Sie die Tiere dort einsammeln.

Besonders viele Schnecken sind bei Regenwetter unterwegs. Dann sollten Sie systematisch sammeln. Bedenken Sie: Je mehr Schnecken Sie aus dem Garten entfernen, desto geringer fällt die Vermehrung aus!

Am Wiesen- oder Waldrand, wo sie niemandem schaden, werden sie dann wieder in die gefräßige Freiheit entlassen. Man sollte über solche friedfertigen Umwege nicht spöttisch lächeln. Wer es mit dem »Schutz des Lebens« wenigstens im eigenen Garten ernst meint, der sollte, wo immer es möglich ist, tödliche Mittel meiden.

Solche Bierfallen können Sie im Handel kaufen. Der Deckel schützt den Inhalt vor der Verwässerung durch starke Regenfälle.

Auch die inzwischen sehr bekannte Methode der **Bierfallen** wirkt tödlich. Aber der Gärtner braucht die Tiere wenigstens nicht eigenhändig umzubringen. Auf Schnecken gefährdeten Beeten werden Joghurt- oder Quarkbecher ebenerdig eingegraben und dann zu zwei Drittel mit Bier gefüllt. Die Tiere werden vom Hopfen- und Malzgeruch wie magisch angezogen. Sie ertrinken dann im verlockenden Gebräu. Der Abstand zwischen Flüssigkeit und Becherrand spielt dabei eine wichtige Rolle: Nur wenn die Tiere sich tief »hinunterbeugen« müssen, verlieren sie den Halt und fallen in das nasse Grab. Der Nachteil dieser Lockfallen besteht darin, dass unter Umständen Schnecken aus einem größeren Umfeld angezogen werden können.

Bierfallen müssen regelmäßig gereinigt werden. Bringen Sie den Inhalt auf den Kompost. Bei Regenwetter ist es wichtig, dass ein kleines Dach das Bier vor dem Verwässern schützt. Komplette Bierfallen mit Überdachung können Sie auch im Handel kaufen.

Umweltschonendes Schneckenkorn

In der größten Not kann Ihnen ein neues Schneckenkorn helfen, das umweltfreundlich und nützlingsschonend ist. Das Präparat »Ferramol« enthält natürliche Eisenverbindungen, vor allem Eisenphosphat. Die blauen Körner sind regenfest, sie locken also auch dann, wenn besonders viele Schnecken unterwegs sind.
Die Wirkung beruht darauf, dass Schnecken, die den Köder fressen, anschließend keine Nahrung mehr aufnehmen können. Sie ziehen sich in ihre Verstecke zurück und sterben. Igel, Vögel und Haustiere sind durch dieses ökologische Schneckenkorn nicht gefährdet. Das Mittel ist von der Biologischen Bundesanstalt in Braunschweig geprüft und zugelassen.

Was Schnecken uns lehren

Denken Sie bei allen Abwehrmaßnahmen aber auch einmal daran, dass selbst die Schnecken einen nützlichen Platz im ökologischen System einnehmen. Sie sorgen dafür, dass verfaulende Pflanzenabfälle und tote Tiere nicht liegen bleiben. Schnecken gehören zur »Müllabfuhr« der Natur und helfen auf ihre Weise, dass die Hygiene in der Umwelt eingehalten wird. Dass sie auch zarte Salatblätter lieben, ist des Gärtners Pech.
Viele Menschen betrachten die schleimigen Schneckentiere mit Abscheu. Sie sollten sich einmal die Zeit nehmen – ganz unvoreingenommen – an einem feuchten Regennachmittag eine große rote Schnecke zu beobachten. Würdevoll und gelassen zieht sie mit hocherhobenen Fühlern ihres Weges. Ein lautloses, zeitlupenlangsames Gegenbild unserer hektischen Betriebsamkeit. Sollten wir nicht auch im Garten manchmal gelassenere Maßstäbe anlegen?

Wühlmäuse – die große Plage im Untergrund

Gegen die gefräßigen Nagetiere, die Gemüse-, Blumen- und Obstbaumwurzeln vernichten, gibt es keine Wundermittel. Dennoch können Sie sich durch eine Reihe von wirkungsvollen Maßnahmen erfolgreich gegen die Wühlmäuse wehren. Am sichersten ist immer eine Kombination verschiedener Methoden. Handeln Sie nach Möglichkeit gemeinsam mit den Nachbarn, damit die Tiere nicht in die angrenzenden Gärten flüchten und von dort eines Nachts zurückwandern.

Abwehrmaßnahmen

Geräusche und Druckwellen

Diese Methode ist sehr einfach und wirkungsvoll. Treiben Sie an gefährdeten Stellen lange Eisenstangen in den Gartenboden.

Wühlmäuse fressen Wurzeln, Knollen und Blumenzwiebeln – zum Leidwesen vieler Gärtner. Bei allen Abwehrmaßnahmen sind Ausdauer und Konsequenz wichtigste Voraussetzung für den Erfolg!

Schlagen Sie mehrmals täglich mit einem Hammer kräftig auf diese Stäbe. Das Geräusch und die Druckwellen sind den empfindlichen Nagern sehr unangenehm. Wichtig ist, dass der Gärtner geduldig und ausdauernd bleibt. Hämmern Sie ein paar Wochen lang jeden Tag regelmäßig zu bestimmten Zeiten, zum Beispiel morgens und abends. So verderben Sie auch rückkehrwilligen Mäusen und Neulingen die Freude an Ihrem Garten!

Penetrante Düfte

Unangenehm für die empfindlichen Nasen der Wühlmäuse sind starke Gerüche, vor allem dann, wenn Sie sie direkt in ihren »Wohnbereich« leiten. Legen Sie Nussbaumblätter, Thujazweige oder Heringsköpfe in die Gänge. Oder gießen Sie unverdünnte Holunderblätterjauche in freigelegte Öffnungen. »Feindgeruch« verbreiten Menschenhaare. Holen Sie sich beim Friseur eine Tüte voll Haare – am besten unparfümierte und ungefärbte Männerhaare. Stopfen Sie alle offenen Wühlmausgänge, die Sie entdecken können, mit Haaren zu. Die Wühlmäuse ziehen sich zurück aus solchen Regionen, die intensiv nach »Menschenfeind« riechen. Je ausdauernder Sie diese Methode anwenden, desto erfolgreicher ist sie.

Abwehrpflanzen

Kaiserkronen und Knoblauch üben durch starken Geruch eine begrenzte Abwehr aus. Auch Wolfsmilch *(Euphorbia lathyris)* und Hundszunge *(Cynoglossum)* helfen teilweise gegen die Nager. Es gibt allerdings schon Mäuse, die vor Knoblauch nicht mehr zurückschrecken, sondern die Zwiebeln respektlos auffressen. Auch Mäusegewohnheiten passen sich offenbar den Verhältnissen an!

Niemand verfolgt die Wühlmäuse so hartnäckig wie ein tüchtiger Kater. Er sorgt dafür, dass die Nager in »seinem Garten« nicht überhand nehmen.

Umleitung

Diese List können Sie anwenden, indem Sie eine Topinambur-Pflanzung am Gartenrand anlegen. Wühlmäuse lieben diese Knollen. Sie werden von anderen Gartenbeeten abgelenkt und können zwischen den Topinamburstauden leichter gefangen werden.

Fallen

Spezialkonstruktionen gibt es seit vielen Gärtnergenerationen. Sie müssen allerdings mit Geschick aufgestellt werden. Ihre Wirkung ist gnadenlos tödlich.

Tüchtige Kater

Nicht jede Katze traut sich an die kräftigen Wühlmäuse heran. Ein mutiger Kater ist der wirksamste Gartenschutz gegen die vermehrungsfreudigen Nager! Er gibt nie auf und geht unverdrossen immer wieder auf die Jagd.

Pilzerkrankungen haben viele Gesichter

Zu den weitverbreiteten Plagen im Pflanzenreich gehören die verschiedensten Pilzerkrankungen. Schadpilze siedeln sich vor allem auf den Blättern und Früchten der Pflanzen an. Sie dringen in das Gewebe ein und zerstören die Leitbahnen. Pilze verbreiten sich besonders gut unter warmen, stickig- feuchten Verhältnissen.

Der erste und wichtigste Schritt: Vorbeugen

Ein luftiger Standort, genügend Abstand unter den Pflanzen und eine ausgewogene Düngung, die festes Gewebe erzeugt, gehören bereits zu den vorbeugenden Maßnahmen gegen Pilzinfektionen. Alles, was dazu beiträgt, den Ausbruch von Krankheiten zu verhindern, ist wichtiger als spätere Gegenmittel, die den Schaden nur noch begrenzen können.

Im naturgemäßen Garten werden Pflanzen, die durch Pilzkrankheiten gefährdet sind, wie zum Beispiel Tomaten, Erdbeeren und Rosen, bereits vorbeugend mit Schachtelhalm-Brühe gespritzt. Diese Wildpflanze ist außerordentlich reich an Kieselsäure. Dadurch werden die Zellen der Pflanzen gestärkt. Pilzsporen können dann nicht mehr so leicht eindringen. Auch andere natürliche Spritzbrühen gegen Pilzinfektionen haben vor allem eine vorbeugende, stärkende Wirkung.

Die wichtigsten Pilzinfektionen

• **Echter Mehltau** ist eine Krankheit, die durch verschiedene Pilze verursacht wird. Die Erreger sind auf bestimmte Pflanzen spezialisiert. Der mehlig-weiße Belag, der sich auf Blättern, Blüten oder Früchten ausbreiten kann, taucht zum Beispiel bei Rosen, Rittersporn, Gurken, Erdbeeren oder Stachelbeeren auf.

Der Echte Mehltau ist ein Schönwetterpilz, der sich bei schwül-warmem Wetter und hoher Luftfeuchtigkeit besonders stark ausbreitet. Achten Sie bei allen gefährdeten Pflanzen auf genügend Abstand und sonnig-luftigen Standort. Vermeiden Sie starke Düngung, die weiches Blattgewebe verursacht. Vorbeugend wirken stärkende natürliche Spritzbrühen aus Schachtelhalm- oder Knoblauch-Tee. Achten Sie auf mehltauresistente Züchtungen.

Der Echte Mehltau gefährdet nicht nur Erbsen sondern auch Gurken, Stachelbeeren und Apfelbäume. Der weiße Belag kann auch Rosen und Rittersporn überziehen.

Erdbeeren werden oft vom Grauschimmel überzogen, wenn die Früchte dicht gedrängt bei Regenwetter auf dem nassen Boden liegen.

Der Malvenrost ist weit verbreitet. Charakteristisch sind die braunen Pusteln auf der Blattunterseite und die gelb-braunen Flecken auf der Oberseite.

Erkrankte Pflanzenteile müssen entfernt und vernichtet werden. So können Sie die Infektion eindämmen. Im Handel werden wirkungsvolle biologische Spritzmittel zur Mehltau-Bekämpfung angeboten.

• **Grauschimmel-Pilze** *(Botrytis)* sind im Garten weitverbreitet. Sie lieben »feuchte Verhältnisse« und weiches Gewebe. Grauschimmel-Pilze gehören zu den Schwächeparasiten! Ihre Erreger sind überall latent vorhanden. Sie werden erst gefährlich, wenn sie günstige Bedingungen finden. Grauer Schimmelrasen auf Blättern, Blüten oder Früchten ist das »Markenzeichen« dieses Pilzes. Gefährdet sind zum Beispiel Erdbeeren, Gurken, Tomaten, Zwiebeln, Zwiebelblumen und Pfingstrosen. Vorbeugend wirken vor allem gute Kulturbedingungen. Wo der Standort und die Bodenverhältnisse stimmen, ist schon viel gewonnen. Vermeiden Sie zu starke Düngung. Zur Stärkung der Pflanzen tragen Spritzungen mit Schachtelhalm-Brühe oder Algenpräparate bei. Steinmehl und Mischkulturen mit Knoblauch wirken ebenfalls günstig. Bei Erdbeeren hat sich eine Strohmulchschicht bewährt, auf der die Beeren trocken und geschützt liegen.

Entfernen Sie immer rechtzeitig alle kranken Pflanzenteile, damit die Infektion sich nicht weiter ausbreiten kann. Härtere Mittel sind normalerweise im naturgemäßen Garten nicht nötig.

• **Rostkrankheiten** werden von Rostpilzen verursacht, die sehr vielgestaltig sind. Viele von ihnen benötigen für ihre Entwicklung einen Zwischenwirt, den sie zeitweise besiedeln. Charakteristisch für diese Pilzinfektionen sind – wie schon der Name verrät rostbraune oder rötliche Verfärbungen auf den Blättern.

Besonders verbreitet ist der **Rosenrost.** Auf den Blättern der Pflanzen entstehen rötlichgelbe Flecken, die sich in einem späteren Stadium braun-schwarz verfärben. Wenn eine Rose sehr stark infiziert ist, fallen zahlreiche Blätter ab. Die Pflanzen werden dadurch stark geschwächt. **Malvenrost** und **Säulchenrost** an Johannisbeeren sind ebenfalls verbreitete Rosterkrankungen. Zu empfehlen sind vor allem vorbeugende Mittel.

Sehr wichtig ist es, alle kranken Blätter regelmäßig zu entfernen und zu vernichten. Vor allem im Herbst dürfen keine infizierten Reste auf den Beeten liegen bleiben, weil der Rostpilz sonst im Boden überwintert. Wässern Sie bei Sonnenhitze vor allem die Rosen nicht mit einem Regner. Auf nassen Blättern findet der Rostpilz gute Bedingungen.

• **Kraut- und Knollenfäule** *(Phytophthora infestans)* befällt vor allem Kartoffeln und Tomaten. Sowohl die Blätter als auch die Früchte können schwere Schäden erleiden. Die Infektion beginnt zuerst bei den Blättern, die sich rasch schwarzbraun verfärben und absterben. Sie sehen wie verbrannt aus. Die Tomaten bekommen braune Flecken, die sich ausbreiten, zuletzt faulen die Früchte. Die Kartoffelknollen zeigen hellgraue Flecken, darunter verfärbt sich das Fleisch braun-rötlich und geht dann in trockene Fäule über.

Die Krautfäule zerstört die Hoffnung auf eine gesunde Tomatenernte – diese Erfahrung machen auch Biogärtner immer wieder. Schuld ist oft nasskaltes Wetter. Hilfe bringen vorbeugende Spritzungen.

Pflanzen Sie wegen der großen Infektionsgefahr Kartoffeln und Tomaten nicht in direkter Nachbarschaft. Vorbeugend wirken alle blattstärkenden Mittel wie zum Beispiel Schachtelhalm-Brühe, Algenpräparate und Steinmehl-Stäubungen. Wählen Sie krankheitsresistente Sorten aus! Alle infizierten Pflanzenteile müssen konsequent entfernt und vernichtet werden.

In nasskalten Sommermonaten ist die Ausbreitung der Kraut- und Knollenfäule fast vorprogrammiert. Tomaten können Sie dagegen nur schützen, wenn Sie diese Pflanzen im Gewächshaus, unter Foliengestellen oder an einem sehr warmen regengeschützten Platz an einer Hausmauer kultivieren.

Im Notfall helfen nur handelsübliche Kupferpräparate, die aber im naturgemäßen Garten nicht empfehlenswert sind. Da private Biogärtner nicht von ihren Erträgen leben müssen, sollten sie auf solche Mittel verzichten und einen nassen Sommer als gottgegeben hinnehmen.

Natürliche Mittel gegen Pilzkrankheiten

Wer Schachtelhalm im Garten oder in der Nachbarschaft als Unkraut findet, der kann eine Spritzbrühe daraus selber herstellen. Anstelle des frischen Krautes können Sie aber auch getrockneten Schachtelhalm verwenden, der in Apotheken, Reformhäusern, Bioläden oder bei Spezialversenden angeboten wird.

Ackerschachtelhalm-Brühe

Übergießen Sie etwa 1 kg frisches Kraut oder 150 g getrockneten Schachtelhalm mit 10 Liter Wasser. Dieser Ansatz bleibt 24 Stunden stehen und wird am nächsten Tag langsam aufgekocht. Die Brühe soll noch eine halbe Stunde leise sieden. Dann lassen Sie sie abkühlen und sieben die Flüssigkeit ab. Ackerschachtelhalm-Brühe wird 1:5 mit Wasser verdünnt und an sonnigen Vormittagen über die Pflanzen und den Boden versprüht. Diese Spritzung muss mehrmals im Abstand von 14 Tagen durchgeführt werden. Beginnen Sie frühzeitig im Frühling mit der ersten vorbeugenden Behandlung. Im Handel können Sie auch Schachtelhalmextrakt kaufen, der einfach in Wasser aufgelöst wird.

Knoblauch-Zwiebel-Jauche

Eine Stärkung der Widerstandskraft gegen Pilzerkrankungen erreichen Sie auch durch die schwefelhaltigen Zwiebeln und Knoblauchzehen. Ein Pfund frische Zwiebeln, gemischt mit einigen Knoblauchzehen, werden mit 10 Liter Wasser angesetzt, bis sie zu einer Jauche vergoren sind. Diese Brühe wird 1:10 verdünnt über die Pflanzen gesprüht. Eine gewisse Vorbeugung gegen Pilzerkrankungen bewirkt auch die Mischkultur mit Knoblauch.
Im Handel können Sie unter mehreren Biopräparaten wählen, die vorbeugend gegen Pilzinfektionen ausgespritzt werden. Sie enthalten meist Schachtelhalm, Zwiebelextrakte, Wildkräuter und Zusätze von Netzschwefel.

So wird Ackerschachtelhalm-Brühe angesetzt: Das frische Kraut zerschneiden und mit Wasser 24 Stunden ziehen lassen (oben). Anschließend in einem Topf aufkochen (Mitte). Die abgekühlte Brühe durchsieben und 1 : 5 mit Wasser verdünnt in die Spritze füllen (unten).

Der kleine Gemüsegarten

Die ersten Frühlings-Aussaaten

Die Sehnsucht nach dem ersten frischen Grün ist in den letzten Winterwochen besonders groß. Pflanzen keimen und wachsen aber nur dort, wo sie feuchtwarme Lebensbedingungen finden. Alle Gärtner, denen es jetzt schon in den Fingern kribbelt, können der kühlen Witterung ein Schnippchen schlagen: Bringen Sie den Frühling unter durchsichtige Hauben, dann bekommt er schneller warme Füße!

Auf der Fensterbank

Es gibt viele Möglichkeiten, günstige Bedingungen für erste Aussaaten zu schaffen. Sehr preiswert sind die kleinen Fensterbank-Gewächshäuschen. Sie bestehen aus einer flachen Schale und einem durchsichtigen Plastikdach. Sie können das Gefäß mit einer sandigen Erdmischung füllen und darin Gemüse oder Blumen aussäen. Achten Sie aber unbedingt darauf, dass Löcher am Boden für guten Wasserabzug sorgen.
Noch praktischer sind Anzuchttöpfchen, die mit Erde aufgefüllt und nebeneinander in die Plastikschale gestellt werden. Drücken Sie nur 2–3 Samenkörner in jedes Töpfchen.

So schön kann ein »nützlicher« Garten sein: Eine üppig blühende Randpflanzung aus Ringelblumen und Kräutern rahmt die Gemüsebeete mit ihren abwechslungsreichen Mischkulturen ein.

Die kräftigen, gut durchwurzelten Jungpflanzen lassen sich dann später besonders gut versetzen.
So können Sie Küchenkräuter wie Kerbel, Dill und Basilikum vorziehen. Besonders leicht und rasch wachsen Tomaten, Zucchini und Gurken heran. Aber auch Garten- und Balkonblumen gewinnen einen großen Wachstumsvorsprung, wenn sie in einer »warmen Kinderstube« groß werden.
Anstelle des Mini-Gewächshauses können Sie natürlich auch einfache Aussaatkistchen, Schalen oder Blumentöpfe verwenden. Diese Gefäße werden ebenfalls mit einer sandigen Erdmischung gefüllt. Damit die Samen rascher keimen, legen Sie Glasscheiben über die Schalen oder Kästchen. Blumentöpfe verwandeln Sie preiswert in kleine Treibhäuschen, indem Sie durchsichtige Plastiktüten darüber stülpen. Zwei gebogene Drähte, kreuzweise in die Töpfe gesteckt, sorgen dafür, dass die wärmenden Hauben nicht zusammenfallen. Ein Gummiband hält die Konstruktion rund um den Topfrand fest.
Alle Anzuchtgefäße müssen auf einer warmen, hellen Fensterbank stehen und gleichmäßig feucht gehalten werden. Unter den schützenden Abdeckungen entsteht ein feucht-warmes Wachstumsklima, in dem es rasch zu sprießen beginnt.
Noch schneller kommt der Frühling in größeren Anzuchtkästen auf Trab, die zusätzlich durch eine Heizschlange am Boden erwärmt werden. Wenn die Pflanzen größer werden, müssen Sie alle »Treibhäuser« öfter lüften, um die Kulturen abzuhärten. Dicht stehende Sämlinge werden einzeln in kleine Töpfchen verpflanzt, damit sie sich kräftig entwickeln.

An einem warmen Platz im Haus können Sie Gemüse und Blumen vorziehen. Wenn die jungen Pflänzchen einzeln in kleine Töpfe gesetzt werden, entwickeln sie sich besonders kräftig.

Frühbeet und Folientunnel

Ähnlich günstige Bedingungen können Sie auch draußen im Garten schaffen. Das gute alte Frühbeet, selbst gebaut aus Holzrahmen und Glasfenstern, sorgt für ein angenehmes Kleinklima. Als »Fußbodenheizung« dient hier eine Packung aus hitzigem Pferdemist, die bereits im Herbst 20–30 cm unter der Humusschicht eingelagert wird.

Auch unter leichten, praktischen Folientunneln gewinnen Ihre ersten Salatköpfe jedes Wettrennen mit den oft noch kühlen Frühlingstagen im Freiland. Aus halbrunden Eisenbögen und Kunststoff-Folie am Meter können Sie leicht ein Gehäuse bauen, das ein ganzes Beet überspannt. Rundum an den Rändern beschweren Sie die Konstruktion mit Brettern und Steinen.

Frühbeete und Folientunnel werden aber auch in großer Auswahl im Handel angeboten. Sehr wichtig für den Erfolg: Halten Sie die Erde regelmäßig feucht, und vergessen Sie bei warmem Wetter nicht zu lüften. Unter den durchsichtigen Abdeckungen entstehen rasch hohe Temperaturen und Verbrennungsschäden! Ziehen Sie unter den sonnenbeheizten Dächern vor allem die ersten frischen Frühlingsvitamine heran: Kopfsalat, Schnittsalat, Radieschen, Rettich, Kohlrabi und Kräuter lohnen die Mühen der frühen Anzucht.

Das Gewächshaus

Der Traum vieler Freizeitgärtner ist ein richtiges Gewächshaus. Hier ist eine gute Isolierung besonders wichtig, sonst steigt der Heizungspreis im Winter in schwindelnde Höhen. Aber auch Kalthäuser, die nur von der Frühlingssonne erwärmt werden, lassen sich vielseitig nutzen – sowohl für die Vorkultur von Jungpflanzen als auch für frühere Ernten. Wenn die selbst gezogenen Pflanzen im Frühling in den Garten umgezogen sind, gedeihen unter dem schützendem Glas besonders üppig die südländischen Gemüse: Tomaten, Gurken und Zucchini bringen hier reiche Ernten.

Im Freiland schützen Folientunnel die ersten Frühlingsaussaaten. Hier wachsen Salate und Kräuter schneller heran. An sonnigen Tagen müssen Sie lüften!

Ein kleines Gewächshaus bietet ungeduldigen Gärtnern im Frühling viele Möglichkeiten. Hier können Sie Pflanzen vorziehen für Ihren Gemüse-, Kräuter- und Blumengarten. Fast wie ein Profi.

Erste Freiland-Aussaaten

In milden Landschaften können Sie ab Mitte März, in rauen Gegenden ab April die ersten Gartenbeete bestellen. Voraussetzung ist frostfreies Wetter; die Erde muss auf jeden Fall abgetrocknet und leicht erwärmt sein. In kaltem, nassem Boden keimt die Saat nicht!

Petersilie, Spinat, Zwiebeln und Möhren nehmen die Launen des frühen Frühlings nicht übel. Sie können als Erste ausgesät werden. Auch Palerbsen dürfen schon ab März in die Erde gelegt werden. Bei trockenem Wetter dürfen Sie nicht vergessen, Ihre Saatreihen zu gießen. Seien Sie nicht ungeduldig, die wetterfesten Frühlingskulturen keimen oft langsam. Vor allem Petersilie und Möhren brauchen meist drei Wochen, bis die ersten grünen Lebenszeichen zu sehen sind. Je wärmer die Tage werden, desto schneller wachsen die Pflanzen.

Salate für vier Jahreszeiten

Salate sind unkomplizierte, blattreiche Gewächse, die überall im Garten »nebenbei« wachsen können. Sie liefern frische Vitamine und wohlschmeckende Rohkost für eine gesunde Küche.

Aus dem schlichten grünen Lattich früherer Zeiten zauberten die Züchter inzwischen ein abwechslungsreiches Sortiment neuer Sorten. Mit leuchtenden Farben und verspielten Rüschen bilden diese Salate eine wahre Augenweide – sowohl im Garten als auch auf dem Tisch. Besonders empfehlenswert sind aber auch altbewährte Sorten, die sich durch Widerstandsfähigkeit und gesundes Wachstum auszeichnen.

Geschickte Gärtner können dieses Angebot nutzen und rund um das ganze Gartenjahr für frische Salate sorgen. Im Frühling und Frühsommer sind es vor allem Kopf-, Pflück- und Schnittsalate aus der Familie der Lattichgewächse, die die Saison eröffnen. Im Spätsommer und Herbst gesellen sich die Zichoriensalate hinzu, und im Herbst und Winter schließt der Feldsalat, ein Baldriangewächs, den abwechslungsreichen Reigen.

Alle Salate sind anspruchslos in der Kultur und verträglich in der Nachbarschaft. Sie können als bescheidene »Mitläufer« überall dort gesät und gepflanzt werden, wo gerade Platz übrig ist. Kompost und ein Guss Brennnesseljauche genügen ihnen als Nahrungsgrundlage. Probieren Sie es einmal durch vier Jahreszeiten mit grün-weiß-roten Salaten:

Frühlings-Salate

Bereits im Frühbeet oder im Folientunnel können Sie den zarten Schnittsalat ‘Hohlblättriger Butter' säen und den frühen Kopfsalat 'Maikönig' pflanzen. Sie liefern die erste eigene Ernte. Von April bis Mai werden diese Frühlingssalate auch im Freiland herangezogen. Säen Sie als Mischkultur Kresse und Radieschen dazu. Auch die ersten Kohlrabi sind gute Partner für frühe Salate.

Sommer-Salate

Ab Mai, wenn der Boden warm geworden ist und alle Pflanzen gut gedeihen, wird das Salatsortiment immer reichhaltiger und üppiger. Säen Sie in Abständen öfter verschiedene Sorten, dann gehen Ihnen die Vorräte nie aus. Die Sommersalate sind kräftiger im Blatt und widerstandsfähig gegen Hitze und Sonnenstrahlung. Sie schießen nicht so leicht wie die zarteren Frühlingssalate.

• **Kopfsalat** gibt es in vielen Variationen. Sie können unter altbewährten Sorten und neuen Züchtungen wählen. Ein traditioneller, immer noch ausgezeichneter grüner Sommerkopfsalat ist 'Kagraner Sommer'. Neu sind unter anderen der Butterkopfsalat 'Mona' und die mehltauresistente Sorte 'Dolly'. Besonders hitzebeständig und kernig im Geschmack sind bräunliche und rötliche Salate. Großmutters 'Brauner Trotzkopf' wird immer noch angeboten. Er bildet dicke Köpfe mit welligen grünen Blättern, die an den Rändern bräunlich gesprenkelt sind. Seine Nachfahren sind viel intensiver gefärbt. In kräftigem, bräunlichem Purpur leuchten sie durch den Garten. Rote Sommerkopfsalate bekommen Sie zum Beispiel unter den Sortennamen 'Merveille des quatre Saisons' oder 'Roxy'.

• **Pflücksalat** können Sie als hübsche Einfassung am Beetrand säen. Die Pflanzen wachsen wie Blattspinat in der Reihe. Sie bilden keine Köpfe und können wochenlang geerntet werden. Pflücken Sie immer die kräftigsten Blätter heraus. Die Pflanzen wachsen noch eine Zeitlang weiter, wenn Sie das »Herz« schonen.

Eine bewährte grün-braune Sommersorte ist der 'Amerikanische Braune'. Attraktive Neuzüchtungen, die viel Abwechslung ins Gartenbild und in den Speiseplan bringen, sind

Von rotem und grünem Eichblattsalat kann man viele Wochen lang ernten.

Der Kopfsalat 'Kagraner Sommer' gehört zu den altbewährten Sorten.

Der Eissalat 'Great Lakes' bildet große haltbare Köpfe.

Späte Salatgenüsse verspricht der Radicchio.

'Lollo Rossa', ein stark gekrauster rot-brauner Pflücksalat, der runde Rosetten bildet oder Eichblattsalat, der durch schmalere rot oder gelbgrün gefärbte Blätter auffällt, die an stark ausgebuchtetes Eichenlaub erinnern. 'Baby Leaf' bietet eine Mischung aus verschiedenen grün und rot gefärbten Pflücksalat-Sorten.

• **Eissalat** ist ein lange haltbarer Sommersalat, der sehr dicke Köpfe bildet. Knackige Blätter mit knusprigen weißen Rippen sind typisch für diesen Salat. 'Nabucco' gehört zu den neuen, 'Laibacher Eis' zu den altbewährten Sorten.

• **Bindesalat oder Römersalat** bildet im Sommer kräftige, längliche Köpfe aus derben grünen Blättern. Er kann als Salat zubereitet oder als Gemüse gedünstet werden. 'Goodison' ist eine beliebte Sorte aus dem Mittelmeerraum für die italienische Küche.

Herbst- und Winter-Salate

Im Sommer und im frühen Herbst werden auf abgeernteten Beeten diejenigen Salate ausgesät, die im Herbst und Winter noch frische Vitamine liefern sollen.

• **Zichoriensalate:** Der 'Zuckerhut' bildet »fleischige«, spitz zulaufende Köpfe, die im Spätherbst erntereif werden. Ähnlich wie Endivien vertragen sie Kälte, aber keinen strengen Frost. Schlagen Sie diesen Salat im Winter mit den Wurzeln im Frühbeet oder im Keller in feuchten Sand ein.

Gesät wird der Zuckerhut von Juni bis Mitte Juli in Reihen mit 35 cm Abstand. Da die langen Zichorienwurzeln sich schlecht verpflanzen lassen, lichten Sie in der Reihe auf 30–35 cm Abstand aus. Geben Sie diesem späten Salat außer Kompost noch ein wenig organischen Dünger und Brennnessel-Jauche, damit er starke Köpfe bilden kann.

Eine Spezialität, die aus dem Süden kam, ist der rote Zichoriensalat, der auch **Radicchio** genannt wird. 'Roter von Verona' ist eine altbewährte Sorte. Dieser attraktive Wintersalat bildet dunkelrote kleine Köpfe, die halbgeöffneten Rosen ähnlich sehen. Im Spätherbst schneiden Sie die Pflanzen kurz über dem Boden ab. Danach bilden sich schnell geschlossene Rosetten, die in milden Gegenden ganz winterhart sind. In Landschaften mit strengem Frost sollte dieser Zichoriensalat mit Fichtenreisig abgedeckt oder im Frühbeet gezogen werden.

Eine neue Züchtung, 'Palla Rossa', benötigt keinen Rückschnitt mehr und bildet größere

Den Endiviensalat 'Jeti' (oben) können Sie noch spät im Herbst ernten, wenn Sie ihn mit Folien schützen. Der Feldsalat (unten) ist winterhart.

Köpfe. Diese Sorte ist aber nicht winterhart. Wenn das Wetter frostfrei bleibt, kann 'Palla Rossa' von Oktober bis Dezember geerntet werden. Sicherer ist die Kultur im Frühbeetkasten, wo die Pflanzen vor strenger Kälte geschützt werden können.
Säen Sie rote Zichoriensalate ab Anfang Juni bis Mitte Juli aus. Der Reihenabstand beträgt 25 cm; die Jungpflanzen werden auf 10–20 cm Zwischenraum ausgelichtet. Etwas Dünger ist empfehlenswert.

• **Endivien:** Anfang August müssen Sie die Endivien auspflanzen. Wer diesen gesunden Salat aus der Familie der Zichoriengewächse nicht selber im Sommer (Juni–Juli) ausgesät hat, der kann Jungpflanzen auch beim Gärtner bekommen. Halten Sie einen Abstand von 25 x 30 cm ein, damit die Köpfe sich kräftig entwickeln können. Die Pflanzlöcher füllen Sie am besten mit feinem Kompost und gießen anschließend gut an. Wenn die Salatpflanzen angewachsen sind, bekommen sie noch einen Schuss Brennnesseljauche. Altbewährte Sorten sind 'Eskariol, grüner' und 'Eskariol, gelber'; als neue Züchtungen bieten sich 'Jeti' und die ganz fein gekrausten, dicht gefüllten Frisee-Endivien an.
Die gelben Endiviensorten sind zart, aber nicht lange haltbar; die grünen sind härter und widerstandsfähiger, sie vertragen auch leichtere Fröste. Decken Sie die Köpfe im Spätherbst mit Folie ab, dann können Sie noch lange frischen Salat im Freiland ernten. Bevor strenge Kälte einsetzt, werden die restlichen Endivienköpfe mit den Wurzeln im Keller in Sand eingeschlagen.

• **Feldsalat:** Ganz winterhart ist der Feldsalat, den Sie von August bis September breitwürfig oder in Reihen auf ein leeres Beet säen können. Sie haben die Wahl zwischen langblättrigen und rundblättrigen Sorten. Altbewährt sind: 'Dunkelgrüner, vollherziger' und 'Holländischer, breitblättiger'. Der breitblättrige Feldsalat lässt sich einfacher putzen, die kleinblättrigen, dunkelgrünen Rosetten sind dafür würziger im Geschmack.
Feldsalat ist besonders reich an Vitamin C und Eisen. Er bleibt über den Winter im Freien und kann auch im Schnee geerntet werden. Decken Sie ihn aber vorher locker mit Fichtenreisig ab. Praktisch ist es auch, Feldsalat direkt in ein leeres Frühbeet zu säen. Unter den Fenstern ist er geschützt und leicht zu ernten.
Im Spätsommer müssen Sie alle Aussaaten und die Jungpflanzen regelmäßig feucht halten. Zwischen den Reihen decken Sie den Boden mit Gras oder zerkleinertem Unkraut zu, damit die Erde nicht so schnell austrocknet. Späte Salate schließen den Kreis des Jahres und versorgen Sie während der Winterzeit mit frischen Vitaminen.

Möhren und Zwiebeln – ein ideales Paar

Seit unzähligen Gärtnergenerationen werden Möhren und Zwiebeln gemeinsam auf einem Beet angebaut. Dies ist die klassische Mischkultur, von der fast jeder schon einmal gehört hat. Die Erfahrung lehrt, dass diese beiden Gemüse sehr gut miteinander gedeihen. Wichtig ist auch der schädlingsabwehrende Aspekt: In dieser Kombination wehren sich die Pflanzenpartner gegenseitig die Möhren- und Zwiebelfliege ab. Dieser natürliche Mechanismus funktioniert allerdings nur dann, wenn auch die übrigen Kulturbedingungen stimmen. Es ist ein weitverbreiteter Irrtum, zu glauben, dass allein die Mischkultur der beiden Pflanzen die schädlichen Fliegen vertreiben kann. Naturgemäßes Gärtnern ist nur dann erfolgreich, wenn die Einzelmaßnahmen in die ökologischen Zusammenhänge eingebettet sind!
Diese kleine Einschränkung soll Sie aber nicht davon abhalten, die klassische Mischkultur auszuprobieren. Im Gegenteil, gerade für kleine Gemüsegärten ist sie einfach ideal. Sie lässt sich vor allem abwechslungsreich variieren. So können Sie zum Beispiel frühe Möhrensorten mit Schalotten oder Lauchzwiebeln kombinieren, während späte Möhren, die erst zu Beginn des Winters geerntet und eingelagert werden, gut zu Lauch passen. Porree und Zwiebeln gehören ja zur gleichen Großfamilie *(Allium)*. In einem kleinen Garten kann sogar der Schnittlauch die Rolle der Zwiebeln übernehmen. Zusammen mit zwei Reihen zarter, runder Karotten entsteht eine Mini-Mischkultur, die vitaminreiche Frühlingsrohkost liefert.

Möhren

Das gesunde, carotinhaltige Wurzelgemüse ist robust und gedeiht fast überall. Wichtig ist vor allem ein lockerer, durchlässiger Boden, in den die Möhren tief eindringen und gleichmäßige Rüben bilden können. Sandige Erde eignet sich deshalb besser als schwerer Lehm.
Dieses Gemüse wächst in zweiter Tracht, das heißt, es hat nur einen mittleren Nährstoffbedarf. Kompost und kleine Mengen eines kalihaltigen Düngers, zum Beispiel Holz-

Möhren und Zwiebeln bilden eine gesunde, sehr empfehlenswerte Mischkultur.

Gerade, gesunde Möhren entwickeln sich in durchlässigem Humus.

asche, genügen zur Vorbereitung des Beetes. Düngen Sie niemals mit frischem Mist, sonst ziehen Sie Maden und schädliche Fliegen an! Ein Möhrenbeet sollte möglichst frei liegen und nicht zu eng bepflanzt werden. Durch luftige Kultur beugen Sie Krankheiten und Schädlingsbefall vor.
Die Möhren- und Zwiebelfliegen können Sie erfolgreich »austricksen«, wenn Sie besonders früh oder spät säen. Sie umgehen dadurch die Flugzeit der Insekten und nehmen ihnen die Möglichkeit, in bereits gut entwickelten Rüben Eier abzulegen. Die erste Generation der Möhrenfliege sucht ab Ende Mai und in der ersten Junihälfte günstige Plätze für ihre Nachkommen. Die zweite Generation schlüpft etwa Mitte August aus. Möhren, die die typischen Fraßgänge der Fliegenlarven zeigen, sollten Sie nicht auf dem Beet liegen lassen und auch nicht kompostieren. Die Larven überwintern sonst im Garten und sind im nächsten Frühling zeitig zur Stelle.
Da Möhren nicht kälteempfindlich sind, können Sie in günstigen Lagen bereits im März säen. Die Samen keimen langsam, deshalb ist es ratsam, einige Radieschenkörner mit auszustreuen, die rasch aufgehen. So erkennen Sie die Reihen und können dazwischen gefahrlos jäten oder hacken. Zu dicht stehende Pflanzen werden später ausgezogen. Etwa 3–5 cm Abstand benötigen die Möhren, um sich kräftig zu entwickeln. Die letzte Aussaat mit späten Sorten für die Herbst-Winterernte ist bis Ende Juni möglich. Mischen Sie immer ein paar Körnchen Dill unter das Möhrensaatgut; die enge Nachbarschaft dieser beiden Doldenblütler hat sich sehr bewährt.

Ernten Sie Ihre Zwiebeln, wenn das Laub dürr geworden ist, an einem sonnigen Tag. Lassen Sie sie anschließend in der warmen Herbstluft trocknen.

Bewährte Sorten

Eine frühe altbewährte Möhrensorte ist zum Beispiel die süße, runde Karotte 'Pariser Markt'. Zu den mittleren Sorten gehören 'Nantaise', eine altbewährte Sorte, und 'Rotin'. Späte Wintermöhren sind die traditionsreiche 'Lange, rote, stumpfe, ohne Herz', 'Rote Riesen' und 'Juwarot', eine Gesundheitsmöhre mit hohem Carotingehalt.
Halten Sie Ihr Möhrenbeet gleichmäßig feucht. Mulchdecken sollten nur dünn ausgelegt und öfter erneuert werden. In der ersten Wachstumszeit fördert ein wenig organischer Dünger die Entwicklung. Möhren, die mit gutem Kompost unter naturgemäßen Bedingungen gezogen werden, zeichnen sich durch süßen Wohlgeschmack aus. Sie eignen sich deshalb gut als Rohkost.

Zwiebeln, Lauch und Schnittlauch

Die gesunden, scharf-würzigen Nachbarn der Möhren haben sehr unterschiedliche Lebens- und Wachstumsgewohnheiten. Die gleiche Grundlage wie die roten Rüben verlangen die Zwiebeln: Mäßige Ernährung mit Kompost und einem kalihaltigen Dünger, wie zum Beispiel Holzasche. Zwiebeln vertragen keine starke Stickstoffdüngung. Geben Sie ihnen weder Mist noch Brennnessel-Jauche!

Schalotten bilden ein Nest mittelgroßer Zwiebeln, die sich durch delikaten Wohlgeschmack auszeichnen. In der Feinschmecker-Küche sind diese Zwiebeln besonders begehrt.

Eine Spezialität aus Großmutters Garten sind die Etagenzwiebeln. An Stelle von Samen reifen kleine Brutzwiebeln, die der Vermehrung dienen, die aber auch zum Würzen verwendet werden können.

Lauch ist etwas anspruchsvoller; dieses gesunde Gemüse liebt nährstoffreichen, lockeren Boden, der mit Kompost und einem organischen Dünger gut vorbereitet wird.

Allerlei Zwiebel-Gestalten

Bei den Zwiebeln können Sie zwischen sehr unterschiedlichen Arten und Sorten wählen.
Steckzwiebeln werden ab April mit 10 cm Abstand flach in die Erde gedrückt. Daraus entwickeln sich dicke Einzelzwiebeln.
Schalotten können zur gleichen Zeit gesetzt werden. Sie treiben rund um die Mutterzwiebel ein Nest kleiner und mittelgroßer Zwiebeln, die sehr delikat schmecken.
Saatzwiebeln können bereits sehr früh ab Mitte März ausgesät werden. Das feine Saatgut keimt langsam. Zu dicht stehende Pflänzchen werden später herausgezupft und in der Küche als Gewürz verwendet.
Ausgesät werden auch weiße **Frühlingszwiebeln und Lauchzwiebeln**, die für den frischen Verbrauch bestimmt sind.

Außer der Formenvielfalt haben die Zwiebeln auch noch sehr unterschiedliche Farben anzubieten. So gibt es zum Beispiel gelbe und dunkelrote Steckzwiebeln, schneeweiße Frühlingszwiebeln und Lauchzwiebeln in Weiß und Rot.
Sorten von Saat- oder Steckzwiebeln bekommen Sie in bewährten Züchtungen, wie zum Beispiel 'Zittauer Gelbe', 'Stuttgarter Riesen' und 'Braunschweiger Dunkelblutrote'. Außer den normalen, oft namenlos angebotenen Schalotten können Sie auch besondere Feinschmeckersorten wie 'Red Sun' (rotschalig) oder 'Golden Gourmet' wählen.
Eine Kuriosität stellen die **Etagenzwiebeln** dar. Sie treiben an der Spitze eines langen Stängels, sozusagen auf der »oberen Etage«, kleine vollausgebildete Brutzwiebeln. Diese Minizwiebelchen können Sie als Würze und als Saatgut für neue Pflanzen verwenden.
In der Pflege sind alle Zwiebeln wenig anspruchsvoll. Halten Sie den Boden immer locker und unkrautfrei. Beim Hacken müssen Sie darauf achten, dass die flachen Wurzeln

nicht beschädigt werden. Wenn das röhrenförmige Laub gelb wird und sich von selbst niederlegt, sind die Zwiebeln erntereif. Saat- und Steckzwiebeln werden ebenso wie die Schalotten an warmen, trockenen Spätsommer- oder Herbsttagen geerntet. Lassen Sie die Zwiebeln möglichst ein bis zwei Tage an der frischen Luft trocknen. Dann reiben Sie die Erdreste ab und hängen die scharfwürzige Ernte gebündelt oder zu Zöpfen geflochten im Haus auf. An einem nicht zu warmen, trockenen Platz halten die Zwiebelvorräte dann den ganzen Winter.

Lauch oder Porree

Für frühe Ernten säen Sie Lauch ab März ins Frühbeet oder ab April ins Freiland. Späte

Lauch ist ein robustes, gesundes Wintergemüse.

Wintersorten werden von Mai bis Juli ausgesät. Die Sorte 'Elefant' und 'Blaugrüner Winter' sind altbewährt und immer noch im Angebot.
Die schlanken Setzlinge pflanzen Sie in tiefe Furchen mit 15 cm Zwischenraum und 20–30 cm Reihenabstand. Dabei werden die schmalen Blätter und zu lange Wurzeln etwas eingekürzt. Geben Sie dem Lauch mehrmals Brennnesseljauche. Nach und nach werden die Furchen zugehackt und die Erde um die Pflanzen angehäufelt. So bekommt der Lauch schöne weiße Schäfte. In milden Gegenden kann dieses Gemüse im Winter auf dem Beet bleiben und bei offenem Wetter jederzeit geerntet werden. In rauen Lagen empfiehlt es sich, die Pflanzen rechtzeitig vor strengem Frost im Frühbeet oder an einem geschützten Platz einzuschlagen.

Schnittlauch & Co.

Das bekannteste Küchengewürz ist seit altersher der Schnittlauch. Dieses bescheidene Zwiebelgewächs kann gut am Rand des Möhrenbeetes stehen. Da es ähnliche Inhaltsstoffe besitzt wie die dicken Zwiebeln, eignet es sich auch zur Mischkultur mit den roten Rüben.
Mehr über die Kultur von Schnittlauch erfahren Sie im Kapitel »Der kleine Kräutergarten« auf Seite 95.
Die **Winterheckezwiebel** ist eine interessante, wohlschmeckende Verwandte des schlichten Schnittlauches. Ihre derben Röhrenblätter bilden mit den Jahren dichte Büsche, die sehr winterhart sind.
Der **Schnittknoblauch** ist eine Kreuzung aus Schnittlauch und Knoblauch. Seine feinen Blätter durften nach Knoblauch. Schnittknoblauch ist unter den Sortennamen 'Sperlings Knolau' und 'Wagners Kobold' im Handel.

Die hübschen Blüten des Schnittlauchs sind essbar!

Blühender Knoblauch in Mischkultur mit Gemüse.

Gesunde Genüsse aus der Zwiebelfamilie

Die Mitglieder der »Zwiebelfamilie« sind besonders reich an schwefelhaltigen, ätherischen Ölen. Sie gehören zu den ältesten Gemüse-, Würz- und Heilpflanzen; deshalb lohnt sich ihr Anbau auch in kleinen Gärten. Zwiebeln, Lauch und Schnittlauch liefern unentbehrliche, gesunde Würze für die Küche.

Knoblauch

Der Knoblauch gehört zu den ältesten Gewürzen und Heilpflanzen der Welt. Seit Jahrtausenden wird er in Asien und in den Mittelmeerländern angebaut. Karl der Große empfahl ihn bereits um 812. n. Chr. für seine Landgüter. Die durchdringend »duftende« Zwiebel wirkt antibakteriell; sie beeinflusst die Durchblutung und die Darmtätigkeit sehr günstig.
Knoblauch gedeiht am besten auf einem sonnigen Beet mit humusreicher, lockerer Erde. Düngen Sie nur mit Kompost – zuviel Stickstoff verdirbt den Knoblauch! Die Zehen der Knoblauchzwiebel werden im März oder April einzeln mit 15 cm Abstand etwa 5 cm tief in den Boden gesteckt. Im Herbst, wenn das Laub gelb wird, können Sie die wertvollen Zwiebeln ernten. Bewahren Sie sie trocken auf wie Speisezwiebeln.
Empfehlenswert sind auch Spezialitäten wie 'Rose de Lautrec' mit rosafarbenen mild schmeckenden Zehen und der Riesenknoblauch *(Allium ampeloprasum)*, der fast die Größe von Gemüsezwiebeln erreicht.

Bohnen für jeden Geschmack

Junge Bohnen – knackig und doch zart – gehören zu den delikatesten Sommergemüsen. Frisch gepflückt aus dem eigenen Garten schmecken sie unvergleichlich gut.
Bohnen stellen an den Boden keine großen Ansprüche. Sie brauchen kaum Dünger. Im Gegenteil: An ihren Wurzeln bilden diese Schmetterlingsblütler (Leguminosen) mit Hilfe bestimmter Bakterien Stickstoffknöllchen. So hinterlassen sie sogar zusätzliche Nährstoffe in der Erde für nachfolgende Kulturen.

Alle Bohnen brauchen Wärme. Wenn sie zu früh in nasse, kalte Erde gelegt werden, faulen sie. Je nach Witterung und Landschaft werden Busch- und Stangenbohnen von Anfang bis Mitte Mai gesät. Von Juni bis Juli ist noch eine spätere Aussaat für die Herbsternte möglich. Die großen Körner sollen nur 2–3 cm tief im Boden liegen. Wichtig ist genügend Abstand, damit sich alle Pflanzen kräftig entwickeln können. Als Nahrungsgrundlage genügt Kompost. Bohnen dürfen nie mit Stickstoff gedüngt werden; ihr Aroma leidet sonst, und die Gläser öffnen sich schon kurz nach dem Einkochen.
Der Boden des Bohnenbeetes muss immer gleichmäßig feucht bleiben. Am besten wird die Erde mit einer dünnen Grasschicht zugedeckt. Auf einem normalen Gemüsebeet von 1,50 m Breite haben drei Buschbohnenreihen Platz. Günstig sind abwechslungsreiche Mischkulturen mit Roten Beten, Kohlrabi oder Salat. Am Rand eines Bohnenbeetes sollte immer Bohnenkraut ausgesät werden; sein würziger Duft vertreibt die Schwarzen Bohnenläuse! Es ist außerdem praktisch, wenn Sie das Gewürz zum Bohnengemüse stets zur Hand haben.

Hoch und niedrig, zart und kräftig

Die Familie der Bohnen ist sehr abwechslungsreich; für jede Gartengröße findet sich darunter eine passende Variante. Wählen Sie diejenigen Sorten aus, die am besten zu Ihrem Klima, Ihrem Garten und Ihrer Küche passen.

Buschbohnen

Diese niedrig wachsenden Bohnen stellen die geringsten Platzansprüche. Sie wachsen etwa 30–40 cm hoch, bilden ordentliche, rundliche Büsche und können sogar als Einfassung eines Beetes verwendet werden.
Auf dem Gemüsebeet benötigen die Bohnenreihen untereinander 40 cm Abstand.
Es gibt grüne Buschbohnen und gelbe, fleischige Wachsbohnen, die sich besonders gut für Salat eignen. Eine Delikatesse für Feinschmecker sind die zarten grünen Filetbohnen!

- **Grüne Sorten:** 'Saxa' – altbewährt und robust, 'Delinel' – zarte französische Filetbohne, 'Primel' – frühe Brechbohne ohne Fäden
- **Gelbe Sorten:** 'Wachs Beste von Allen' – alte traditionsreiche Sorte, 'Golddukat' und 'Berggold' – reich tragende neue Sorten
- **Blaue Sorten:** 'Purple Teepee' – die runden Hülsen reifen über dem Laub.

Die fadenlose Wachsbohne 'Golddukat' gehört zu den neuen reichtragenden Sorten. Ihre schlanken, wohlschmeckenden Hülsen bleiben lange zart.

Stangenbohnen

Diese rankenden Bohnen benötigen nicht mehr Grundfläche als niedrig wachsende Sorten; aber auf einem kleinen Grundstück wirken die hohen Stangen leicht störend. In einem größeren Nutzgarten lohnt es sich aber, ein solches Klettergerüst aufzustellen, weil Stangenbohnen sehr reiche Ernten bringen. Ihre Früchte sind größer und fleischiger als die der zierlichen Buschbohnen. Die Stangen – meist einfache Rundhölzer – können senkrecht aufgestellt und eingegraben werden. Sie brauchen etwa 50–70 cm Abstand und sollen reichlich 2 m hoch sein. Sehr standfest ist die traditionelle Methode, bei der zwei Reihen Stangen schräg gegeneinander gestellt und am First durch eine Querstange stabilisiert werden.
Für kleine Familien genügt es auch, wenn mehrere Stangen zeltförmig gegeneinander gelehnt und an den Spitzen zusammengebunden werden.
Auch bei den Stangenbohnen gibt es grüne, gelbe und violettblaue Sorten.

- **Grüne Sorten:** 'Neckarkönigin' – alte, immer noch hervorragende Sorte, sehr ertragreich, 'Mombacher Speck' – bewährte frühe Sorte
- **Gelbe Sorte:** 'Neckargold' – widerstandsfähige Traditionssorte
- **Blaue Sorte:** 'Blauhilde' – unübertroffene alte Sorte, beim Kochen färben sich die dunkelvioletten Schoten grün.

Feuerbohnen oder Wollbohnen

In sehr kühlen Landschaften gedeihen am besten die Feuerbohnen, die auch Wollbohnen genannt werden. Diese Bohnen, die den Garten mit leuchtend roten oder weißen Blüten schmücken, klettern an Stangen ebenso bereitwillig hoch wie an Zäunen, Pergolagerüsten oder Balkongittern.

Reiche Ernten versprechen die Stangenbohnen mit ihren langen, kräftigen Hülsen. Hier sind es die traditionsreichen Sorten 'Blauhilde' und 'Neckarkönigin' (oben). Feuerbohnen schmücken den Garten mit ihren leuchtend roten Blüten (unten). Ein Bohnenzelt wirkt auch im Blumengarten dekorativ.

Feuerbohnen müssen, wenn Sie sie frisch verwenden möchten, jung und zart geerntet werden; später wird die Schale hart und »wollig«. Dann lassen Sie die Hülsen ausreifen und ernten die großen gesprenkelten Bohnenkörner.

• **Sorten:** 'Preisgewinner' ist eine rot blühende alte Sorte, die auch in rauen Lagen gut gedeiht. 'Weiße Riesen' sind ebenfalls altbewährt und ertragreich.

Ernte-Tipps

Zum Schluss noch ein paar Ratschläge für die Bohnenernte und die Verwendung der Früchte in der Küche:

• Pflücken Sie Bohnen stets vorsichtig mit beiden Händen, damit keine Pflanzenteile abgerissen werden.

• Bedenken Sie, dass bei guter Pflege wochenlang junge Bohnen nachwachsen! Ernten Sie nur bei trockenem Wetter.

• Frisch gepflückte Buschbohnen eignen sich für Gemüse und Salate. Aus Stangenbohnen wird Gemüse oder Suppe gekocht; Feuerbohnen schmecken am besten als deftig-rustikaler Eintopf.

• Achten Sie, wenn die saftigen Schoten reifen, besonders auf Kinder: Rohe Bohnen enthalten das giftige Phasin; sie dürfen nicht ungekocht gegessen werden!

• Wenn der Sommer einen Überfluss an Bohnen beschert, können die Früchte auch ganz einfach eingefroren, eingekocht, in Salz eingelegt (saure Bohnen) oder getrocknet werden. In der Winterzeit können Sie dann wohlschmeckende, gesunde Bohnengerichte in abwechslungsreichen Variationen zubereiten.

Kohl gehört zu den gesündesten, besonders robusten Gemüsearten. Wählen Sie für den kleinen Garten solche Kohlarten aus, die auch auf begrenzten Beeten Platz finden.

Kohl – deftig oder zart

Der Urahn all unserer abwechslungsreichen Kohlsorten war wahrscheinlich eine schlichte, wilde Kohlpflanze, die an den Küsten des Atlantiks gedieh. Sie hielt dem rauen, stürmischen Leben in solchen Regionen stand und bewies große Vitalität.

Bereits die alten Griechen und Römer pflanzten verschiedene Kohlarten in ihren Gärten an. Cato der Ältere (um 200 v. Chr.) hielt sie für »das allerbeste Gemüse«.

Fast 200 Jahre später beklagte der berühmte Historiker Plinius den Verfall der guten alten Kochsitten: »Statt sich mit der einfachen Lebensweise unserer Vorfahren zu begnügen und sich aus den eigenen Gemüsegärten den für den Unterhalt nötigen Kohl zu holen, hält man es jetzt für klüger, in die Tiefe des Meeres zu tauchen, um Austern zu holen, die Fasanen aus Colchis, und die Perlhühner aus Nordafrika einzuführen.«

Ob diese Schilderung rein zufällig eine Ähnlichkeit mit unseren Lebensgewohnheiten aufweist? Holen wir für ein einfaches, gesundes Leben wieder Kohl in unsere Gärten! Dieses wertvolle Gemüse ist reich an Vitamin C und schwefelhaltigen ätherischen Ölen, außerdem enthält es wichtige Mineralstoffe und Spurenelemente. Nicht umsonst nannte man den Kohl in früheren Jahrhunderten den »Arzt der Armen«!

Pflanzen und Düngen

Alle Kohlpflanzen können Sie problemlos selber aussäen. Wichtig ist nur, dass Sie immer den richtigen Zeitpunkt für die Aussaat im Frühbeet oder auf einem Gartenbeet wählen. Von den meisten Kohlarten gibt es frühe und späte Sorten. Außer den Kohlrabi gehören sie alle zu den »Starkzehrern«; Kohl braucht nahrhaften, humusreichen Boden, reichlich Dünger und gleichmäßige Feuchtigkeit für eine gesunde Entwicklung. Geben Sie ihm Kompost, einen organischen Vorratsdünger mit hohem Stickstoffanteil und Brennnessel-Jauche.
Pflanzen Sie Kohl nie zu eng. Dieses Gemüse muss sich mit luftigen Zwischenräumen ausbreiten können; bei stickigem, engem Stand ist die Gefahr von Krankheiten und Schädlingen groß. Um die Kohlweißlinge vor den fetten Kohl-Weidegründen abzuhalten, sollten Sie Tomaten oder Sellerie als Mischkultur wählen. Die kräftigen Gerüche dieser Gemüse irritieren die auf Kohldüfte »programmierten« Schmetterlinge. Wenn Sie bei der Pflanzung ein wenig Algenkalk in jedes Pflanzloch geben, beugen Sie der gefürchteten Kohlhernie vor.
Senfsaat, die sonst an vielen Stellen im Garten gute Dienste leistet, sollten Sie niemals als Vorkultur auf ein Kohlbeet säen. Die beiden Kreuzblütler üben keinen guten Einfluss aufeinander aus!

Kohlrabi benötigt wenig Platz. Dieses bescheidene, wohlschmeckende Gemüse kann als »Mitläufer« überall auf freien Stellen gepflanzt werden.

Kohlarten für kleine Beete

Trotz vieler guter Eigenschaften – Kohl ist dickköpfig und anspruchsvoll. Wenn Ihr Gemüsegarten nicht allzu groß ist, wählen Sie jedes Jahr nur ein oder zwei Kohlarten aus, die Sie dann wirklich großziehen können. Die folgenden Kurzporträts sollen Ihnen helfen, diejenigen Kohlarten zu finden, die am besten in Ihren Garten und in Ihre Küche passen.

Kohlrabi

Die zarten »Knollen«, die eigentlich verdickte Stängelteile sind, benötigen kein eigenes Beet. Sie können als Randpflanzung an vielen Stellen des Gemüsegartens angepflanzt werden. Auch überall dort, wo durch die Ernte Lücken entstehen, können Sie Kohlrabi auf die freien Stellen setzen. Vom Frühling bis zum Sommer ist es möglich, immer wieder neu zu säen und zu pflanzen.

Für die ersten Aussaaten unter Glas oder Folien benutzen Sie am besten die frühen **Treibsorten**, zum Beispiel 'Blaro' oder 'Azur-Star', beide blau. Später gedeihen die hitzebeständigen **Sommer- und Herbstzüchtungen** besser. Dazu gehören so bewährte alte Sorten wie 'Delikatess' weiß oder blau und 'Blauer Speck'. Spaß macht aber auch ein Experiment mit der neuen Züchtung 'Superschmelz', deren Knollen bei guter Ernährung weit über 10 Pfund auf die Waage bringen und die trotzdem zart und saftig bleiben.

Brokkoli

Dieser zarte Sprossenkohl, der auch Spargelkohl genannt wird, gehört zu den Delikatessen des Gemüsegartens. Aus den Achseln der verzweigten Pflanzen wachsen immer wieder neue Triebe nach, die den »Röschen« des Blumenkohls ähneln. Brokkoli können Sie monatelang ernten; er verträgt sogar ein paar Grad Frost. Falls die Ernte zu reichlich ausfällt, lassen sich die zarten Sprossen gut einfrieren. Der feine Kohl eignet sich für Gemüse, Suppen, Aufläufe und Omelett-Füllungen.

Säen Sie Brokkoli ab April bis Anfang Juni im Freiland aus. Die Jungpflanzen werden dann mit 40–50 cm Abstand auf das vorgesehene Beet versetzt. Schauen Sie öfter nach, ob Sie die Eier oder die Raupen der Kohlweißlinge an den Pflanzen finden – am besten gleich absammeln! Schneiden Sie die bläulich-grünen Rosetten mit den zarten Stielen solange die Knospen geschlossen sind. Bei warmem Wetter schießt dieser Kohl schnell in Blüte! Empfehlenswerte Sorten sind 'Calabrese' (oder 'Calabrais') und 'Inspiration', eine neue Züchtung mit zahlreichen zarten Seitentrieben für asiatische Spezialitäten.

Grünkohl

Dieser Blätter-Kohl gehört zu den Wintergemüsen. Er wird erst im Mai oder Juni ausgesät und später auf abgeernteten Beeten mit 40 X 40 cm Abstand gepflanzt. In seinen Ansprüchen ist dieser gesunde, vitaminreiche Kohl bescheidener als die Kopfkohlarten. Seine krausen, länglichen Blätter brauchen einen kräftigen Frost, ehe sie zum ersten Mal geerntet werden. Grünkohl oder Krauskohl bleibt den ganzen Winter draußen

Brokkoli eignet sich gut für kleine Gärten. Die Erntezeit dauert monatelang bis zum Frost.

Grünkohl ist ein Wintergemüse. Die rotlaubige Sorte 'Redbor' bringt Farbakzente in den Gemüsegarten.

Der Rosenkohl liefert im Winter vitaminreiche Ernten.

und kann jederzeit im Freiland geschnitten werden. Gute, bewährte Sorten sind 'Halbhoher grüner Krauser' und die schmalblättrigen 'Lerchenzungen'. 'Redbor' ist eine attraktive Neuzüchtung mit rotvioletten, kräftigen krausen Blättern.

Rosenkohl

Auch dieser wohlschmeckende Kohl gehört zu den Wintergemüsen. Säen Sie ihn aber bereits im April aus, denn spätestens im Juni müssen die Pflanzen auf dem Beet stehen. Der Abstand beträgt 50 x 50 cm. Rosenkohl hat eine lange Entwicklungszeit. Im September brechen Sie die Spitzen heraus, damit alle Wachstumskräfte den Röschen zugute kommen. Auch dieser Kohl bleibt den ganzen Winter im Freiland. Die rosenförmigen Sprossen werden erst nach dem ersten Frost geerntet. Eine gute Sorte für den Hausgarten ist die traditionsreiche alte Züchtung 'Hilds Ideal'. Rote Röschen für die Herbsternte liefert die neue Züchtung 'Rosella'.

Gurken – kühle Früchte, die die Wärme lieben

Erst im ausgehenden Mittelalter breiteten sich die südländischen Gurken im rauen Klima nördlich der Alpen aus. Heute sind sie uns im Garten und in der Küche so vertraut, als gehörten sie zu den einheimischen Gewächsen. Aber in kühlen, verregneten Sommerwochen leiden die gebürtigen Inderinnen noch immer unter »Heimweh«. Obgleich Generationen von Gärtnern zahlreiche Gurkensorten züchteten, die an unser Klima angepasst sind, brauchen die Pflanzen noch immer möglichst viel Wärme. Bei wechselndem Wetter und starken Temperaturschwan-

Gurken bilden lange Ranken, die Sie an Klettergerüsten hochleiten können. In luftiger Höhe bleiben die Früchte sauber und lassen sich leichter ernten. Die Blätter sind weniger mehltaugefährdet.

kungen erleiden Gurken oft einen Wachstumsschock. Die Folgen sind bittere, verkrüppelte Früchte. Wer die Gurken ihrer Natur gemäß anbaut, der muss also versuchen, ein wenig südliches Klima in den rauen Norden zu zaubern.

Zusatz-Heizung für Südländer

Wärme kann man durch die verschiedensten Methoden verstärken. Selbstverständlich muss das Gurkenbeet in der Sonne liegen. Trotzdem soll der Platz ein wenig abgeschirmt sein. Kalte Winde hält zum Beispiel eine Randpflanzung aus Erbsen oder Zuckermais ab. Bewährt hat sich auch die Nachbarschaft von Dill.
Wärme bietet auch eine »Fußbodenheizung« aus Pferdemist, die im Frühling in der Mitte des Gurkenbeetes etwa 20–30 cm tief eingegraben wird. Darüber häuft man einen lang gestreckten, niedrigen Hügel aus lockerer Erde, die mit Kompost vermischt wurde, an. Der hitzige Mist erwärmt den Boden, der im Frühling oft noch kalt ist; dadurch keimen die Gurken leichter und schneller. Wärmende Folientunnel, Frühbeetkästen oder Kleingewächshäuser verbessern ebenfalls das Klima für die südländischen Früchte.

Aussaat drinnen und draußen

Gurken reagieren auf späte Frühlingskälte noch empfindlicher als die Bohnen. Sie dürfen erst in die Erde, wenn keine Frostgefahr mehr besteht. Um einen Vorsprung zu gewinnen, können Sie aber einige Pflanzen auf der Fensterbank oder im geschlossenen Frühbeet vorziehen.
Häufeln Sie in der Mitte des Gurkenbeetes einen etwa 30 cm hohen Erdhügel auf, der in Längsrichtung verläuft. Vermischen Sie den Humus bereits einige Wochen vor der Pflanzung mit reichlich Kompost und einem organischen Vorratsdünger.
Bei günstiger Witterung können Sie in der zweiten Maiwoche mit der Freilandaussaat beginnen. Ziehen Sie mit dem Stiel des Rechens eine Rille in der Mitte des Hügels, und legen Sie alle 10 cm 1–2 Gurkenkörner. Später bleiben nur die kräftigsten Pflanzen mit 30–40 cm Abstand stehen.

Gurken sind durstig

Wichtig für gutes Gedeihen ist reichlich Feuchtigkeit. Während der Sommerzeit halten die Gurkenranken bereits den Boden schattig und schützen die Feuchtigkeit in der Erde. Freie Stellen sollten stets mit Grasschnitt oder Unkrautabfällen gemulcht werden. Wässern Sie deshalb in den frühen Morgen- oder Abendstunden. Dabei ist es günstiger, den Strahl der Gießkanne oder des Schlauches direkt in den Wurzelbereich

Mittelgroße Gurken wie die Sorte 'Delikatess' können vielseitig verwendet werden: für Salate oder als Schmorgemüse,

zu lenken, als den Regner anzustellen. Nässe auf den Blättern fördert bei warmem Wetter den Pilzbefall!
Gießen Sie die Pflanzen während des Sommers auch mehrmals mit Brennnessel-Jauche, die 1:10 mit Wasser verdünnt wird. Diese Zusatznahrung sorgt für reiche Ernten, denn die saftreichen Früchte gehören zu den Starkzehrern.

Manche wollen hoch hinaus

Gurken kriechen mit ihren langen Ranken nicht nur über die Erde, sie schwingen sich auch gern in luftige Höhen, wenn man ihnen Gelegenheit dazu gibt. Als Klettergerüst eignen sich zum Beispiel einfache Baustahlmatten, die am besten mit leichter Neigung aufgestellt und seitlich an starken Pfosten befestigt werden. Zu schwache Gestelle tragen die Last der schweren Früchte nicht!
Besonders schön und natürlich wirken Rankgitter aus Holz oder Bambus, die man mit ein wenig handwerklichem Geschick selber bauen kann.
Gurken, die luftig in den Zwischenräumen baumeln, lassen sich leicht und angenehm pflücken. Bei Regenwetter sind sie auch nicht so stark mit Erde bespritzt.
Da Gurken leicht von Mehltau befallen werden, sollten Sie sie ab Anfang Juni bereits vorbeugend mit Schachtelhalm-Brühe übersprühen. Die Spritzung muss mehrmals im Abstand von 14 Tagen wiederholt werden. Auch durch die Wahl einer mehltauresistenten Sorte können Sie bereits vorbeugenden Pflanzenschutz betreiben.

Pflücken Sie Gurken stets behutsam mit beiden Händen, damit die Ranken unbeschädigt bleiben und noch lange neue Früchte tragen können.

Die kleinen Einmachgurken bringen reiche Ernten. Sie eignen sich am besten zum Einkochen mit Gewürzen oder zum Einlegen in Salz.

Vielseitiger Erntesegen

Gurken können Sie monatelang während des ganzen Sommers ernten. Je nach Sorte und Landschaftsklima reifen sie von Mitte Juli bis Ende September. Gärtner und Köche können wählen zwischen den verschiedensten Züchtungen.
Sorten: Schlangengurken haben lange, gleichmäßige Früchte mit glatter Schale; sie eignen sich für Salate ebenso wie zum Schmoren. Die alte Sorte ‘Riesenschäl’ wächst im Freiland und wird gern für Senfgurken benutzt. Eine mittelgroße **Allzweckgurke** ist die gute alte Sorte ‘Delikatess’. Sie ist dickfleischig und robust. Die Schale zeigt sich etwas rau und warzig. Diese Gurke kann zum Einmachen und zum Einfrieren ebenso verwendet werden wie zum Schmoren oder zur Salatzubereitung. Die kleinen Gurken, wie zum Beispiel ‘Vorgebirgstrauben’, gehören zu den **Einmachsorten.** Die neue F_1-Hybride ‘Colet’ ist mehltauresistent und bitterfrei.
Gurken enthalten nur sehr wenige Kalorien; dafür sind sie reich an Wasser und Mineralstoffen wie Eisen, Phosphorsäure und Jod.

Der wohlschmeckende Melonensquash 'Early Butternut' (oben) und die aparten »Ufo«-Züchtungen (Mitte) sind ein Experiment wert.

Die gelbfrüchtigen Zucchini-Sorten sind zart und wohlschmeckend – das wissen leider auch die Schnecken zu schätzen!

Zucchini und Speisekürbisse wachsen überall

Erfolgserlebnisse, die man rasch mit Händen greifen und außerdem genüßlich aufessen kann, bieten die prachtvollen neuen Zucchini-Züchtungen. Man kann ihnen buchstäblich beim Wachsen zusehen; auch ungeübten Gärtnern bereiten sie keine Probleme. Die üppigen Pflanzen sind mit Kürbissen, Melonen und Gurken verwandt.

Kein Problem: die eigene Anzucht

Die großen, flachen Samenkörner lassen sich leicht aussäen. Wenn sie über Nacht in einem Tellerchen mit warmem Wasser aufquellen, keimen sie noch rascher.
Ziehen Sie Zucchini und Speisekürbisse im April auf einer warmen Fensterbank oder in einem Kleingewächshaus vor, dann können Sie ab Mitte Mai schon kräftige Pflanzen in den Garten oder auf den Balkon bringen. Legen Sie immer zwei Körner in einen kleinen Blumentopf. Die Erdmischung soll locker und etwas sandig sein. Halten Sie diese Aussaat gleichmäßig feucht und warm.
Schon bald durchstoßen die kräftigen Keimblätter die Erde, und kurz danach entfalten sich die ersten typischen Zucchiniblätter. Die Jungpflanzen brauchen helles Licht, müssen aber vor direkter heißer Sonnenstrahlung geschützt werden. Lassen Sie nur den kräftigsten Sämling weiterwachsen; die schwächere Pflanze entfernen Sie, oder Sie setzen sie in einen Einzeltopf, wo sie sich weiterentwickeln kann. Erst ab Mitte Mai, wenn keine Nachtfröste mehr zu befürchten sind, dürfen die vorgezogenen Zucchini und Speisekürbisse ins Freiland umziehen.
Rankende Sorten können Sie gut zwischen Stangenbohnen oder Zuckermaisreihen

pflanzen. Als bodendeckender Partner für die buschig wachsenden Zucchini eignet sich die Kapuzinerkresse.

Wer die Wahl hat ...

Aus der abwechslungsreichen Familie der Speisekürbisse werden zahlreiche Züchtungen im Handel angeboten. Alle wachsen üppig und problemlos. Ein warmer, geschützter Standort ist besonders günstig. Die nicht rankenden Arten bilden ausladende Büsche mit riesigen Blättern. Sie brauchen viel Platz und müssen auf dem Beet mit 1 m Abstand gepflanzt werden.

Geben Sie reichlich Kompost und einen organischen Vorratsdünger ins Pflanzloch. Eine Abdeckung aus Gras oder Brennnesseln hält den Boden feucht. Die saftstrotzenden Zucchinipflanzen brauchen stets reichlich Wasser. Zwei- bis dreimal sollten Sie sie in der Hauptwachstumszeit mit verdünnter Brennnessel-Jauche düngen.

Am besten probieren Sie jedes Jahr eine andere Züchtung aus:

- **Grüne Zucchini** bilden lange, walzenförmige Früchte. Bewährt hat sich die Züchtung 'Diamant'. Die gestreifte Sorte 'Striato d'Italia' ähnelt den »Ur-Zucchini« aus Italien.
- **Gelbfrüchtige Sorten** tragen reich, sind sehr wohlschmeckend aber etwas anfällig gegen Fäulnis. 'Gold Rush' ist eine schon länger erprobte Sorte.
- **»Ufos« oder »Fliegende Untertassen«** nennt man Züchtungen mit flachen, weißen Früchten. Angeboten werden sie unter dem Sortennamen 'Gistard White'. 'Sunburst' ist eine gelbe Sorte.
- **Spaghetti-Kürbisse** bilden lange Ranken, an denen goldgelbe, melonengroße Früchte baumeln. Sie werden ganz gekocht; das Fleisch zerfällt im Inneren zu nudelartigen Fasern. Sie bekommen sie unter dem Namen 'Vegetable Spaghetti'.

Eine besondere Spezialität stellen die Spaghetti-Kürbisse (oben) mit ihren nudelartigen Fasern dar. Sehr aromatisch und lange haltbar sind die runden 'Hokkaido'-Kürbisse (unten).

- **Melonensquash** 'Early Butternut' rankt mäßig und trägt glockenförmige gelbe Früchte, die sehr lange haltbar sind. Das Fruchtfleisch ist sanft orange gefärbt; es schmeckt angenehm süß und nussartig. Der Eigengeschmack ist viel stärker ausgeprägt als bei anderen Speisekürbissen.
- **'Hokkaido'** heißt ein beliebter runder Speisekürbis, der außen und innen orangerot gefärbt ist. Sein Fleisch schmeckt delikat nussartig. Die Früchte sind vielseitig verwendbar und lassen sich sehr lange lagern.

Tomaten – die Vielfalt der Farben und Formen

Die roten Paradiesäpfel lassen sich besonders leicht und erfolgreich selber anziehen. Im vielfältigen Samenangebot der Tomaten entdecken Sie auch manche interessante Züchtung, die Sie als vorgezogene Pflanze beim Gärtner nicht bekommen. Vor allem die große Fülle alter Sorten, die heute wieder angeboten werden, lohnt das Ausprobieren. Bezugsquellen für solche Tomaten-Schätze finden Sie im Anhang.

Unter einem Folientunnel sind Tomaten vor Kälte und Nässe geschützt. Die Gefahr von Pilzinfektionen, etwa der gefürchteten Krautfäule, kann mit einer solchen Abdeckung verringert werden.

Tomaten selber säen

Säen Sie Anfang April den Tomatensamen in kleinen Töpfen aus. In jedes Töpfchen legen Sie 2–3 Körner, decken sie dünn mit Erde zu und drücken zum Schluss die Oberfläche mit der Hand behutsam fest. Dann gießen Sie mit warmem Wasser an und halten die Töpfchen während der nächsten Wochen gleichmäßig feucht. Dieser »Tomaten-Kindergarten« kann auf einer warmen, hellen Fensterbank ebenso gut stehen wie in einem kleinen Gewächshaus.
Tomatensamen keimt sehr rasch. Lassen Sie später nur die stärkste Pflanze in jedem Töpfchen stehen. Die anderen werden herausgezupft. Achten Sie nun auf viel Licht und frische Luft, damit die jungen Tomaten gedrungen und kräftig wachsen. Sobald die kleinen Töpfe durchwurzelt sind, setzen Sie die Jungfplanzen noch einmal einzeln in größere Gefäße um. Ab Anfang Mai stellen Sie die Tomaten zum Abhärten in ein Frühbeet oder an einen geschützten Platz am Haus. In kalten Nächten, aber auch an unfreundlichen Tagen müssen sie noch durch Glasfenster oder Folien geschützt werden.

Der Umzug in den Garten

Nach dem 20. Mai ziehen die Tomaten dann auf ihren »Stammplatz« im Garten um. Sie gedeihen am besten auf einem sehr sonnig gelegenen Beet. Das Pflanzloch wird mit Kompost und organischem Vorratsdünger versorgt. Setzen Sie die Tomaten möglichst tief und schräg, bis zum ersten Blattansatz, in die Erde. Sie bilden dann am unteren Stängel noch zusätzliche Wurzeln und können dadurch mehr Nährstoffe und Wasser aufnehmen. Zum Schluss gießen Sie kräftig an. Treiben Sie auch möglichst frühzeitig einen kräftigen Stock neben den Tomaten in den Boden, damit Sie die rasch wachsen-

Säen Sie Ihre Tomaten selber aus, dann können Sie wohlschmeckende alte Sorten wie die gestreifte 'Tigerella' (oben) oder die traditionsreiche große Fleischtomate 'Ochsenherz' kennen lernen.

Kleinere Sorten wie die Eiertomate 'Roma' oder gelbe Cocktailtomaten eignen sich besonders gut für den frischen Genuss – zum Abendbrot oder von der Hand in den Mund.

den Pflanzen bald anbinden können. Neben dem Wurzelballen graben Sie einen leeren Blumentopf schräg in die Erde. Gieß- und Regenwasser wird durch die Öffnung am Boden direkt zu den Tomatenwurzeln geleitet. Gute Nachbarn auf dem Tomatenbeet sind Sellerie, alle Kohlarten und Lauch. Diese Kombinationen benötigen aber reichlich Platz. In einem kleinen Garten, in dem Sie nur wenige Tomaten großziehen möchten, empfiehlt sich eher eine Bodendecke aus Spinat oder Kapuzinerkresse und eine Randpflanzung aus Pflücksalat oder Petersilie.

Naturgemäße Pflege im Sommer

Im Juli setzt die Hauptwachstumszeit der Tomaten ein, die bis September andauert. In diesen Monaten entwickeln die Pflanzen immer neue Blüten und Fruchtansätze. Gesund und kräftig kann sich der reiche Paradiesapfel-Segen aber nur entwickeln, wenn die Tomaten regelmäßig gepflegt werden: Sie brauchen jetzt reichlich Wasser, Nährstoffe und Wärme.
In kühlen, verregneten Sommerwochen ist eine luftige Folienkonstruktion für die

Tomatensorten im Fachhandel

- 'Marmande' – bewährte großfrüchtige Fleischtomate mit würzigem Geschmack
- 'Harzfeuer' – runde aromatische Früchte, beliebte Sorte aus Ostdeutschland
- 'Roma' – eiförmige Früchte, typisch italienisch
- 'Balkonstar' – kompakter Wuchs, mittelgroße runde Früchte, wächst gut in Töpfen
- 'Goldene Königin' – traditionsreiche gelbe Fleischtomate
- 'Yellow Pearshaped' – kleine birnenförmige Früchte, Obsttomate
- 'Sweet 100' und 'Sweet Million' – in langen Trauben reifende süße rote Kirschtomaten.

Alte Sorten

- 'Ochsenherz' – schwere, rote Fleischtomate
- 'Tigerella' – anfangs grün, später gelb-rot gestreifte runde Früchte
- 'Schwarze Pflaume' – ovale aromatische Früchte in dunklem, fast schwärzlichem Rot
- 'Pfirsichtomate' – runde rote Früchte mit matter »Pfirsichhaut«
- 'Berner Rosen' – delikate runde Früchte von rosenroter Farbe
- 'Noire de Russe', 'Schwarze Krim' – große wohlschmeckende Früchte, die sich dunkelrot bis schwarz färben.

Entwicklung der Tomaten sehr hilfreich. Schlagen Sie rund um das Beet einige kräftige Holzpfähle in den Boden, auf denen ein Lattengerüst mit Folienbespannung befestigt wird. Es genügt, wenn die Pflanzen von oben durch ein Dach vor übermäßiger Nässe geschützt werden. Gleichzeitig verstärkt die durchsichtige Decke die Wärme der Sonnenstrahlen. Die Früchte können dann bis spät in den Herbst noch ausreifen.

Das Tomatenbeet muss regelmäßig gemulcht werden. Verwenden Sie dafür auch alle Abfälle der Tomaten wie welke Blätter und Geiztriebe, denn diese Pflanzen leben eigenartigerweise gern in ihrem »eigenen Dunstkreis«. Außerdem eignen sich für eine Bodendecke, die die Feuchtigkeit in heißen Sommerwochen schützt, auch Grasschnitt, zerkleinertes Unkraut, geschnittene Brennnesseln und Beinwellblätter.

Der Nahrungsbedarf der Tomaten ist jetzt sehr groß. Geben Sie den Pflanzen – zusätzlich zur Grunddüngung – ein- bis zweimal im Monat flüssigen Dünger, der rasch aufgenommen werden kann. Ausgezeichnet eignet sich dafür Brennnessel-Jauche, die durch Beinwellblätter und ein paar Hände voll organischem Dünger noch gehaltvoller wird. Die selbst angesetzte Jauche wird 1:10 mit abgestandenem Wasser verdünnt und dann mit der Gießkanne direkt an die Wurzeln gegossen. Schon nach wenigen Tagen können Sie an dunkelgrünen Blättern die gesunde Wirkung der »Kraftbrühe« ablesen.

Zur regelmäßigen sommerlichen Tomatenpflege gehören natürlich auch das Hochbinden der Triebe und das Entgeizen. Dies bedeutet, dass alle Triebe, die aus den Blattachseln wachsen, sobald wie möglich herausgebrochen werden. Im Spätsommer, gegen Ende August bis Anfang September, entfernen Sie die letzten Blütentriebe, weil sich daraus keine reifen Früchte mehr entwickeln können; sie kosten nur unnötig Kraft.

Ein sonniger Standort, Kompost, Bodendecken, reichlich Wasser und organische Nahrung sind die wichtigste Grundlage für die gesunde Entwicklung der Tomatenpflanzen und ihrer prächtigen roten Früchte. Dafür lohnen sich alle Mühen, denn nirgends schmecken Tomaten so süß und würzig wie dort, wo sie sonnenwarm und voll ausgereift im eigenen Garten geerntet werden. Die letzten grünen Früchte können Sie vor dem ersten Frost ins Haus bringen und dort nachreifen lassen.

Kartoffelbauer auf kleinstem Raum

Die Kartoffelzucht wurde von den Indianern im Reich der Inka erfunden. Als Kuriosität wurde die Kartoffel 1565 aus der neuen Welt ins alte Europa geschickt. Es dauerte eine Weile, bis man hier begriff, dass nicht die oberirdischen Beeren, sondern die Knollen im Boden essbar sind – die Erdäpfel. Wenig später wurden die Kartoffeln, die noch im steinigsten Boden wachsen, zum Armeleute-Essen, das unzählige Menschen zum Beispiel in Irland oder im kargen Erzgebirge vor dem Verhungern bewahrte.
Heute hat die Kartoffel den Geruch des Gewöhnlichen wieder abgestreift. Wenn sie naturgemäß angebaut und richtig zubereitet werden, können die braunen Erdäpfel eine Delikatesse für den Feinschmecker sein.

Vorsprung durch Vorkeimen

Sie brauchen keinen großen Kartoffelacker anzulegen um auszuprobieren, welchen Wohlgeschmack die selbst geernteten Knollen besitzen. In einem kleinen Garten lohnt es sich schon, wenn Sie zwei Reihen Kartoffeln für die eigene Ernte pflanzen.
Besonders empfehlenswert ist der Anbau von Frühkartoffeln. Sie werden geerntet, wenn die Kartoffeln im Handel besonders teuer sind. Sie schmecken delikat, und man kann das Beet noch durch eine Nachfrucht nützen. Frühkartoffeln sollten möglichst vorgekeimt werden, weil man damit die Reifezeit um acht Tage vorverlegen kann. Stellen Sie die Kartoffeln auf den Nabel, sodass das Kronenende mit den meisten Augen nach oben zeigt. Am besten sortieren Sie die Früchte in eine Kiste und stellen sie dann warm und hell auf den Küchenschrank oder einen ähnlich geeigneten Ort.

Kartoffeln werden in tiefe Furchen mit breitem Abstand gelegt.

So pflanzen Sie Kartoffeln richtig

In den verschiedenen Landschaften Deutschlands sind die günstigsten Zeiten zum Pflanzen der Frühkartoffeln ebenso unterschiedlich wie die Klimaschwankungen. Man kann also keine Kalendertermine nennen. Als Faustregel kann sich jeder Kartoffelgärtner einfach merken, dass die Bodentemperatur mindestens 7 °C betragen muss, wenn die ersten Frühkartoffeln in die Erde kommen. Ungeduldige Gärtner gefährden die Früchte ihrer Mühen eher, als dass sie frühere Ernten erzielen. Kartoffeln, die in einen genügend erwärmten Boden gelegt werden, noch dazu bei günstigem Wachstumswetter, gedeihen viel schneller und gesünder als solche, die zum frühesten Termin ausgelegt wurden und dann Kälterückschläge erleiden.
Kartoffeln brauchen Platz für eine gesunde Entwicklung, deshalb sollten die Reihen mindestens 40–50 cm auseinander liegen. Auf einem normalen 1,20 m breiten Beet haben also zwei Reihen Platz. Ziehen Sie etwa 5 cm tiefe Furchen, in die die Saatkartoffeln mit 30–50 cm Abstand gelegt werden. Eine gute Saatkartoffel sollte ein Gewicht von 50–60 g haben. Das ist deshalb so wichtig, weil die Knolle mit ihrem Wasser- und

Probieren Sie die abwechslungsreichen alten Kartoffelsorten, die Sie in verschiedenen Farben und Formen bekommen können.

Nährstoffreservoir der Kartoffelpflanze über trockene und kärgliche Zeiten hinweghilft. Eine kräftige Mutter-Kartoffel gibt also auch die Gewähr für viele dicke und gesunde Kartoffel-Kinder. Für einen guten Start sorgen Sie auch, wenn Sie die Furchen mit reifem Kompost auspolstern und als Vorratsdünger

So schützen Sie Kartoffeln vor Krankheiten

Wichtig sind vorbeugenden Maßnahmen:
- Nur einwandfreies, bestes Saatgut kaufen.
- Alle Knollen mit faulen Stellen oder schwarzen Punkten radikal aussortieren.
- Durch gut gelockerten, humusreichen Boden für gesundes Wachstum sorgen.
- Sobald die ersten Blätter entwickelt sind, in Abständen von 2–3 Wochen mit Schachtelhalm-Brühe spritzen, um der Krautfäule vorzubeugen.
- Kartoffelkäfer oder ihre Larven sammeln.

Hornspäne hineinstreuen. Dann werden die Reihen vorsichtig mit dem Rechen zugezogen. Achten Sie darauf, dass die Keime dabei nicht abbrechen!
Wer eine reiche Ernte haben möchte, der sollte sich als Voraussetzung dafür das beste Saatgut besorgen, das er bekommen kann. Knollen aus biologischem Anbau sind natürlich der Idealfall; auch Saatgut aus eigener Ernte ist empfehlenswert. Allerdings sollten Sie nach 2–3 Jahren wieder für »frisches Blut« sorgen und zwischendurch Sorten aus fremden Anbau einschalten.
Der April ist für alle Kartoffelsorten der beste Aussaatmonat. Nur in klimatisch sehr günstigen Gebieten kann man Frühkartoffeln schon Ende März, legen. Bis Anfang Mai sollten auch die mittelfrühen und die späten Sorten im Boden sein. In rauen Landschaften, wo der Boden lange kalt und nass bleibt, kann das Kartoffelsaatgut aber noch bis Ende Mai gelegt werden. Sobald es warm wird, holt die Natur das Zeitdefizit wieder auf!

Platz für freundliche Nachbarn

Der breite Zwischenraum zwischen den Kartoffelreihen bietet noch genügend Platz für Mischkulturen, die den Boden feucht, schattig und unkrautfrei halten. Geeignete Partner für Kartoffeln sind Spinat und Melde. Eine Zwischensaat von Kümmel oder Kamille verbessert das Aroma der Erdäpfel. Kapuzinerkresse fördert die Knollenbildung.

Düngen – Hacken – Ernten

Kartoffeln wollen einen lockeren, krümeligen, gut durchlüfteten und humusreichen Boden haben. Die ideale Nahrungsgrundlage für Kartoffeln ist Kompost. Organische Dünger wie zum Beispiel verrotteter Mist, Hornspäne oder Rizinusschrot sind dazu eine gute Ergänzung.

Das Anhäufeln der Kartoffeln dient vor allem dem Lockern des Bodens. Es ist nicht unbedingt erforderlich. Die Früchte gedeihen auch gut in flachen Reihen, vor allem dann, wenn Sie mit Mulchmaterial oder Mischkulturen die Erde zwischen den Reihen zudecken.
Wer aber seine Kartoffeln nach alter Sitte ordentlich anhäufeln möchte mit der Hacke, der achte sehr darauf, dass die heranwachsenden Knöllchen nicht verletzt werden.
Die gleiche Gefahr besteht natürlich später auch beim Ernten der Knollen. Heben Sie die Stauden vorsichtig mit einer Grabgabel hoch und halten Sie beim Einstechen reichlich Abstand vom Zentrum der Pflanze.
Mit einfachen Worten: Ernten Sie Kartoffeln mit Gefühl, und stechen Sie nicht mitten ins »Nest«. Erntereif sind die Kartoffeln, wenn sie eine feste Schale haben. Solange Sie die Pelle noch abreiben können, ist die Reife noch nicht ganz erreicht. Bei den späteren Sorten ist auch das Abwelken des Kartoffellaubes ein Zeichen für das Reifwerden.
Nachdem Sie die Knollen ausgegraben haben, sollen sie nur kurz an der Luft abtrocknen. Danach müssen sie rasch dunkel gelagert werden. Im Licht bekommen die Kartoffeln grüne Flecken, die das giftige Solanin enthalten! Am besten halten sich Kartoffeln, falls Sie sie nicht als frische Delikatesse aufessen, in kühlen, etwas feuchten Kellern.

Kartoffeln von früh bis spät

In jeder Landschaft gab es früher lokale Kartoffelsorten, die gut an das Klima und den Boden angepasst waren. Wenn Sie Saatgut von solchen alten Sorten bekommen können, dann sollten Sie es unbedingt ausprobieren.
Ausgefallene alte Kartoffelsorten in den verschiedensten Farben und Formen bekommen Sie bei Spezial-Versendern. Ob blau, rot oder gelb – es lohnt sich, die guten Eigenschaften der historischen Sorten, die früher weit verbreitet waren, wieder kennen zu lernen. Bezugsquellen finden Sie im Anhang.

Die Kartoffelernte aus dem eigenen Garten ist ein besonderer Genuss.

Bewährte Sorten

- 'Sieglinde' – Frühkartoffel, seit langem beliebt im Hausgarten, langoval, gelbe Schale und gelbes Fleisch, festkochend
- 'Cilena' – mittelfrüh, langoval, gelbes Fleisch, festkochend
- 'Linda' – mittelfrüh, oval, sehr guter Geschmack, festkochend.

Alte Sorten, die im Handel erhältlich sind:

- 'Bamberger Hörnchen' – lange, fingerförmige Knollen, mittelfrüh, gelbes Fleisch, sehr wohlschmeckend, festkochend
- 'Rosella' – mittelfrüh bis spät, oval, rote Schale, hellgelbes Fleisch, vorwiegend festkochend
- 'Desiree' – späte Sorte, rundlich-dick, hellrote Schale, gelbes Fleisch, mehlig kochend
- 'Vitelotte noir' – ovale Knollen, späte Ernte, dunkelblaue Schale, Fruchtfleisch violett marmoriert, festkochend.

SALBEI
SCHNIT LAUCH

Der kleine Kräutergarten

Ein Gewürzgärtchen hat überall Platz

Duftende Kräuter sind unentbehrlich für eine gute, abwechslungsreiche Küche. Ein kleiner Zweig Estragon oder ein paar Blättchen Basilikum verwandeln ein einfaches Gericht in eine Feinschmecker-Delikatesse. Besonders reich an Wohlgeschmack sind alle Gewürzpflanzen, wenn sie frisch im eigenen Garten geschnitten und gleich verwendet werden. Kräutersträußchen, die stundenlang im Supermarkt oder auf dem Gemüsemarkt liegen, verlieren unweigerlich einen großen Teil ihres feinen Aromas.
Alle Küchenkräuter sind gleichzeitig auch Heilpflanzen. Ob Sie nun schlichte Petersilie über dampfende Kartoffeln streuen oder Kerbel als Frühlingssuppe zubereiten – immer versorgen Sie dabei Ihre Familie auch mit wertvollen Arzneistoffen. Gutes, würziges Essen beugt so auf angenehme Weise mancher Krankheit vor.

Wählen Sie den besten Standort aus

Für eine kleine Kräuter-Ecke ist in jedem Garten Platz. Versäumen Sie es nicht, diese wertvollen Pflanzen im Frühling mit einzuplanen. Sie benötigen nur wenig Pflege und fast keinen Dünger. Den Standort aber müssen Sie mit Sorgfalt auswählen. Die meisten unserer Gewürzpflanzen waren ursprünglich in den warmen Ländern rund um das Mittelmeer zu Hause. Sie brauchen reichlich Licht und Sonne, um ihre wertvollen Aromastoffe zu entwickeln. Suchen Sie deshalb unbedingt einen geschützten, sonnigen Platz für Ihr Kräutergärtchen. Hier fühlen sich die Südländer wohl: zum Beispiel Salbei, Thymian, Oregano, Lavendel, Rosmarin, Melisse und Majoran.
Einige Kräuter, die bei uns in Mitteleuropa heimisch sind, gedeihen auch im sehr lichten Schatten. Sie lieben feuchten, nahrhaften Humus. Dazu gehören Pfefferminze, Sauerampfer und Bärlauch.

Auch auf einem kleinen Grundstück bleibt genügend Raum für ein Kräutergärtchen. Mit wenigen Mitteln können Sie ein Sonnenplätzchen dekorativ gestalten (linke Seite). Südländische Kräuter wie Salbei und Schopflavendel fühlen sich auf Steinmäuerchen besonders wohl.

Dünger verdirbt das Aroma

Der Boden, auf dem Sie Ihre Kräuter säen und pflanzen, darf nicht zu üppig mit Nährstoffen versorgt werden. Frischer Mist und stickstoffreicher Dünger haben im Kräutergarten nichts zu suchen! Sie treiben die Gewürzpflanzen nur zu übermäßigem Blattwachstum an. Wertvolle Duft- und Heilstoffe bleiben dabei in der Entwicklung zurück. Die beste Bodenvorbereitung besteht in regelmäßiger Versorgung mit reifem Kompost. Die Erde des Kräutergartens sollte stets locker und sehr gut wasserdurchlässig sein. Stauende Nässe vertragen die Gewürzpflanzen nicht! Den kräftigen Sauerampfer und den aromatischen Estragon dürfen Sie mit ein wenig Zusatznahrung versorgen. Verwenden Sie aber nur einen langsam wirkenden organischen Dünger, wie zum Beispiel Hornspäne.

Kräuter-Vielfalt

Ein- und zweijährige Kräuter für die Frühlingsaussaat

Sobald der Boden sich erwärmt hat, können Sie die ersten Kräuter aus Samentüten aussäen. Petersilie, Kerbel und Kresse sind nicht kälteempfindlich. Schon ab März werden, bei günstiger Witterung, die Samen in Reihen mit 15–20 cm Abstand gestreut.
Im April folgen dann Dill und Borretsch. Beide Kräuter brauchen viel Platz. Dill gedeiht sehr gut am Rand eines Gurkenbeetes. In der zweiten Aprilhälfte kann auch der Rucola-Samen in die Erde. Im Mai säen Sie schließlich die wärmebedürftigen Kräuter aus: Majoran, Bohnenkraut, Basilikum und Kapuzinerkresse. Alle Aussaaten kennzeichnen Sie mit Namensschildern und halten sie bis zur Keimung gleichmäßig feucht. Zu dicht aufgelaufene Sämlinge reißen Sie später aus und verbrauchen sie gleich in der Küche.

Staudenkräuter würzen viele Jahre

Ähnlich wie Pfingstrosen, Rittersporn und Margeriten bleiben auch die ausdauernden Staudenkräuter viele Jahre lang am gleichen Standort stehen. Sie bilden den Grundbestand eines Gewürzgartens. Wenn Sie diese Kräuter pflanzen, sollten Sie das Beet sehr gründlich vorbereiten; so ersparen Sie sich viel Arbeit für die kommenden Jahre. Dafür dürfen Sie dann lange Zeit ernten. Die ausdauernden Kräuter entwickeln sich immer üppiger, sie bereiten kaum Mühe, brauchen nur wenig Pflege und versorgen Ihren Haushalt mit aromatischer Würze und gesunden Teevorräten.
Wählen Sie einen sonnigen Standort und lockern Sie die Erde gründlich auf. Nasser, schwerer Boden ist für die meisten Kräuter nicht geeignet. Unkraut sollten Sie sehr sorgfältig entfernen. Damit ersparen Sie sich viel Ärger, denn wenn sich die Wurzeln der Stauden später mit Hahnenfuß, Winden

Ein paar Würzkräuter überdauern den Winter auf der Fensterbank. Während draußen noch Schnee liegt, können Sie hier im Warmen bereits mit der Aussaat kälteempfindlicher Kräuter wie Basilikum oder Majoran beginnen.

oder Quecken verfilzen, dann wird es sehr mühsam, wieder Ordnung zu schaffen.
Versorgen Sie die ganze Fläche mit reifem, möglichst unkrautfreiem Kompost, der nur oberflächlich mit einem Grubber in die Erde geharkt wird. Diese Humusschicht genügt als Wachstumsgrundlage für das erste Jahr.
Vorgezogene Staudenkräuter können Sie in vielen Gärtnereien, auf dem Blumenmarkt oder in Gartencentern kaufen. Das Angebot und die Auswahl sind in den letzten Jahren erfreulich vielseitig geworden. Ein Grundsortiment für den Anfang werden Sie meist in Ihrer Nähe finden. Wo dies schwierig ist, können Sie ausdauernde Gewürz- und Heilpflanzen auch bei guten Staudengärtnereien oder bei Kräuter-Spezialfirmen bestellen. Adressen finden Sie im Anhang.
Wählen Sie für Ihr erstes Kräutergärtchen unter den folgenden langlebigen Arten: Bärlauch, Estragon, Lavendel, Zitronenmelisse, Oregano, Pfefferminze, Thymian, Salbei, Sauerampfer, Schnittlauch und Rosmarin.
Verteilen Sie die Pflanzen, die meist in kleinen Töpfen angezogen werden, zuerst einmal »oberflächlich« auf dem vorbereiteten Beet. Stellen Sie sich dabei vor, wie groß sie in 1–2 Jahren wachsen werden. Planen Sie dann so viel Abstand ein, dass auch die erwachsenen Kräuter noch genügend Luft und Licht bekommen.
Einige Beispiele können Ihnen dabei helfen: Zitronenmelisse wächst 50–80 cm hoch. Sie bildet breite Büsche, die in sich geschlossen bleiben. Estragon treibt im Sommer 60–150 cm hohe Stängel. Er breitet sich jedes Jahr auch seitlich aus, weil er unterirdische Ausläufer bildet. Bärlauch bildet mit der Zeit dichte Teppiche. Rosmarin sollten Sie nicht auspflanzen. Er bleibt im Topf und überwintert im Haus.
Die Unterschiede in den Höhenangaben bei den einzelnen Pflanzen sind in den verschiedenartigen Wachstumsbedingungen begründet. Wenn Ihr Garten fruchtbaren Humus bereithält, dann entwickeln sich alle Gewächse, auch die Kräuter, üppiger. Auf magerem Sandboden wachsen sie dagegen langsamer und bleiben zierlicher.

Pflanzregeln

Unter durchschnittlichen Bedingungen sollten Sie für die meisten Staudenkräuter einen Pflanzabstand von 30–40 cm nach allen Seiten einplanen. Im ersten Jahr können Sie die Lücken, die sich nur langsam schließen, mit niedrigen Sommerblumen wie zum Beispiel Tagetes oder duftendem Steinkraut schließen. Auch niedrige, einjährige Kräuter wie zum Beispiel Majoran eignen sich als Bodenteppich zwischen den Stauden. Dabei

Der Schnittlauch ist ein unkompliziertes Kraut, mit dem Sie erste Erfahrungen sammeln können.
Ab April werden die Pflanzen büschelweise auf das Kräuterbeet gesetzt.

sollte immer genügend Abstand erhalten bleiben, sodass die jungen Pflanzen sich ungehindert entwickeln können.
Wenn Sie die Kräuter mit ausreichendem Zwischenraum auf dem Beet verteilt haben, prüfen Sie noch einmal, ob auch die Höhenverhältnisse stimmen. Ähnlich wie in der Blumenrabatte sollten auch auf dem Kräuterbeet die hoch wachsenden Stauden im Hintergrund, die niedrigen im vorderen Bereich stehen. Genaue Maße können Sie bei der Beschreibung der einzelnen Kräuter ab Seite 89 nachlesen.
Wenn alle Kräuter harmonisch verteilt sind, können Sie mit dem Pflanzen beginnen. Graben Sie mit einer kleinen Handschaufel ein Loch und füllen Sie eine Handvoll Kompost in die Grube. Nun klopfen Sie mit der flachen Hand gegen den Boden des Topfes, damit der Wurzelballen sich löst. Vorsichtig heben Sie die kleine Pflanze heraus und setzen sie ins Pflanzloch. Sie darf dabei nicht tiefer in die Erde versenkt werden als sie vorher im Topf stand. Schieben Sie nun von allen Seiten den lockeren Humus in die kleine Grube, und drücken Sie zum Schluss die Staude behutsam mit den Händen fest. Dabei soll ringsum Kontakt mit der Gartenerde entstehen; keinesfalls darf der Boden »festgetrampelt« werden.
Wenn alle Kräuter eingepflanzt sind, gießen Sie sie vorsichtig mit abgestandenem Wasser an. Achten Sie darauf, dass die Erde nicht von den Wurzeln weggeschwemmt wird. Aus kleinen, leichten Kannen können Sie »gefühlvoller« gießen als aus schweren, großen Behältern!
Beste Pflanzzeiten für die Staudenkräuter sind die Herbstmonate September und Oktober und der Frühling, von März bis Mai. Frostempfindliche Kräuter, wie zum Beispiel Thymian, sollten Sie vorsichtshalber an warmen Frühlingstagen auspflanzen. Für die Staudenkräuter müssen Sie nicht unbedingt ein ganzes Beet im Nutzgarten opfern. Diese duftenden Pflanzen sehen so hübsch aus, dass Sie daraus eine zierende Rabatte am Rand des Gemüsegartens zusammenstellen können. Auch zwischen blühenden Stauden oder im sonnigen Steingarten lassen sich Gruppen ausdauernder Kräuter einordnen. An solche Standorte passen zum Beispiel Salbei, Oregano, Lavendel und Thymian.

Zahlreiche Kräuter gedeihen problemlos in Töpfen, wie hier Lavendel, Salbei, Thymian und Basilikum.

Mobiler Kräutergarten vor dem Küchenfenster

Wenn Sie im Garten nur wenig Platz haben oder keinen günstigen Standort finden, dann können Sie einige Kräuter auch in Schalen, Blumenkästen und Kübeln ziehen. Vor einer sonnigen Hauswand – vielleicht direkt neben der Küche – gedeihen Gewürzpflanzen ausgezeichnet. Sie wachsen auch bereitwillig auf einer warmen Terrasse oder

auf dem Balkon. Für die Ernte sind dann immer rasch ein paar Blättchen zur Hand. In Blumenkästen mit guter Erde können Sie zum Beispiel Kerbel, Rucola, Basilikum, Borretsch, Dill, Petersilie und Bohnenkraut aussäen. Mit genügend Abstand gedeihen in solchen Gefäßen auch Salbei, Estragon, Sauerampfer, Thymian, Melisse und Oregano. In großen Blumentöpfen fühlen sich Rosmarin und Lavendel wohl.
In den begrenzten Gefäßen eines mobilen Kräutergartens sind Nährstoffe und Feuchtigkeit schneller verbraucht als im Garten. Deshalb müssen Sie hier Ihre Kräuter regelmäßig gießen. Nahrung geben Sie am besten in Form von Hornspänen im Frühling in die Erde. Wenn Sie sich erst einmal einen Sommer lang an die würzig duftenden Kräuter gewöhnt haben, möchten Sie sie bestimmt nie wieder missen – weder im Garten noch in der Küche.

Gemüse und Kräuter in gesunder Mischkultur

Einige Gewürzpflanzen gedeihen sehr gut in Gemeinschaft mit Gemüse. Solche Mischkulturen, die in den Bauerngärten Jahrhunderte lang üblich waren, bieten viele Vorteile:
- Die passende Würze ist rasch greifbar, wenn Sie Bohnen oder Gurken für das Mittagessen ernten.
- Manche Kräuter tragen zur Abwehr von Schädlingen auf den Gemüsebeeten bei; andere fördern Gesundheit und Aroma ihrer Nachbarn.
- Die gemischten Kulturen gedeihen nicht nur gut und harmonisch, sie sehen auch hübsch aus inmitten eines sonst eher nüchternen Nutzgartens.
- Schließlich sparen Sie auch Platz, wenn Sie keine Extrafläche für den Kräutergarten abgrenzen müssen.

Das einjährige Bohnenkraut gedeiht gut in Mischkultur mit Buschbohnen. Auf einem solchen Beet haben Sie die passende Würze immer griffbereit.

Von April bis Mai ist die richtige Zeit, um die wichtigsten Gewürzpflanzen, Gemüse und Salate auszusäen oder zu pflanzen. Probieren Sie einmal die folgenden Kombinationen aus:
Salat, Radieschen und Kresse werden in abwechselnden Reihen auf ein Beet gesät. Sie können dafür Schnittsalat, Pflücksalat oder Kopfsalat wählen. Im April lohnt es sich, noch Frühlingssalat, zum Beispiel 'Maikönig', als vorgezogene Pflanzen zu setzen. Ab Mai sollten Sie lieber Sommersalate säen, die nicht so schnell bei Hitze schießen. Statt Radieschen sind auch die zarten Rettiche der Sorte 'Ostergruß' empfehlenswert. Sie sind außen rosarot und innen weiß gefärbt. Alle drei Kulturen lassen sich gleichzeitig ernten und in der Küche verwenden. Die Kresse hat einen günstigen Einfluss auf das Aroma der Radieschen.

Gurken und Dill ergänzen sich sehr gut auf einem gemeinsamen Beet. Wenn das Würzkraut im Sommer der Sonne entgegen wächst, schützen die Gurkenranken die Feuchtigkeit im Boden.

Salat und gemischte Kräuter bilden eine ideale Gemeinschaft für den Garten und die Küche. Säen Sie im Mai Sommersalat, Eissalat und Pflücksalat abwechselnd mit Kerbel, Rucola und Dill. Schnittlauch eignet sich als Randpflanze. Borretsch, der so gut zu frischem Salat schmeckt, muss entweder sehr jung geerntet oder gestutzt werden. Die mächtigen Pflanzen überwuchern sonst alle Nachbarn. Petersilie wächst nicht gut neben Salat; Meiden Sie diese Nachbarschaft!

Buschbohnen und Bohnenkraut sind sehr gute Partner, die beide erst im Mai gesät werden, wenn die Erde warm und frostfrei ist. Auf diesem Beet haben Sie die passende Würze zum Bohnengemüse gleich zur Hand. Außerdem wehrt das Kraut die Schwarze Bohnenlaus ab. Die Bohnen tragen reich und gesund im Schutz des stark duftenden Krautes.

Tomaten, Petersilie und Kapuzinerkresse bilden zusammen eine bunte, gesunde Gemeinschaft, die sich gegenseitig im Wachstum fördert. Säen Sie im April an den Schmalseiten des Beetes Petersilie. In der Mitte des Beetes pflanzen Sie ab 20. Mai vorgezogene Tomaten mit reichlich Abstand. Dazwischen bleibt Platz für Kapuzinerkresse, die über Sommer unter anderem die Aufgabe eines Bodendeckers übernimmt und die Erde zu Füßen der stets durstigen Tomaten feucht hält. Blätter und Blüten der »mexikanischen Kresse« würzen den Tomatensalat.

Gurken und Dill sind ein ideales Paar. Das zarte Würzkraut verhält sich im Kräutergarten oft wie eine launische Primadonna. In der Nachbarschaft der Gurken gedeiht es dagegen in der Regel problemlos. Säen Sie Gurken erst ab Mitte Mai auf niedrige Hügel in der Mitte eines Beetes. An den Rändern bleibt Platz für das einjährige Kraut. Neben den Gurken bildet der Dill im Sommer eine meterhohe Einfassung. Gewürzblätter für den Salat und Blütendolden für süß-sauer eingelegte Früchte sind stets reichlich vorhanden.

Ernten und Aufbewahren

Frische, duftende Kräuter für die Küche können Sie vom Frühling bis zum Herbst in Ihrem Garten pflücken. Ein paar zarte Blätter von Melisse, Borretsch und Estragon finden sich immer. Wenn Sie aber Vorräte anlegen und Kräuter für die Winterzeit konservieren möchten, dann sollten Sie auf den günstigsten Erntezeitpunkt achten.

Alle Heil- und Würzpflanzen erreichen zu einer bestimmten Zeit im Jahr den höchsten Grad der Reife. Dann duften sie besonders stark. Intensive Würze und Wohlgeschmack sind auch ein Zeichen dafür, dass die Kräuter in ihren Blättern, Wurzeln oder Samenkörnern große Mengen wertvoller Inhalts-

stoffe angesammelt haben. Wenn Sie diese Heil- und Aromasubstanzen für Ihre Küche und für Ihre Hausapotheke nutzen wollen, dann müssen Sie rechtzeitig zugreifen.
Die ideale Erntezeit ist allerdings bei den einzelnen Kräutern verschieden. Bei vielen Gewürzen liegt sie kurz vor oder während der Blüte. Die folgende Übersicht (rechts) können Sie im ersten Jahr als praktischen Erntekalender benutzen. Schauen Sie anfangs ruhig öfter nach, bis Sie den Wachstumsrhythmus der Kräuter »im Gefühl« haben.

Schneiden und trocknen

Wählen Sie für die Kräuterernte einen sonnigen, trockenen Vormittag aus. Heiße Mittagsstunden und feuchte Abende sind für die Ernte völlig ungeeignet.
Schneiden Sie die Stängel mit einer scharfen Gartenschere oder einem Messer ab. Blätter und weiche Triebspitzen können Sie auch

Reiche Ernte aus dem sommerlichen Kräutergarten.

Erntezeit der wichtigsten Kräuter

Basilikum: Die oberen Zweige mit weichen Blättern schneiden Sie, bevor die Blüten sich öffnen. Getrocknetes Basilikum verliert leider viel von seiner Würzkraft.
Bohnenkraut, einjähriges: Kurz vor und während der Blüte büschelweise schneiden; das Kraut bleibt auch getrocknet sehr würzig.
Borretsch: Schmeckt nur frisch. Ernten Sie laufend weiche, junge Blätter. Ältere Pflanzen werden rau und ungenießbar.
Dill: Die zarten grünen Blätter schmecken am besten frisch. Sie können sie auch einfrieren. Dillblüten werden frisch zum Einmachen verwendet. Dillsamenstände schneiden Sie, wenn sie braun und trocken werden.
Estragon: Wenn sich die ersten Blütenknospen zeigen, hat der Estragon die größte Würzkraft. Schneiden Sie ganze Zweige mit möglichst zarten Blättern ab.
Kerbel: Wird stets frisch verwendet. Das Kraut eignet sich nicht zum Konservieren.
Majoran: Kurz bevor die kugeligen Blüten sich öffnen, schneiden Sie das Kraut ab.
Setzen Sie die Schere aber nicht zu tief an; dann wächst noch eine zweite Ernte nach.
Melisse: Kurz vor der Blüte enthält das Kraut besonders viele ätherische Öle. Schneiden Sie dann den oberen Teil der Zweige, die noch weiche, grüne Blätter besitzen.
Oregano: Von diesem Kraut schneiden Sie während der Blüte ganze Stängel ab.
Pfefferminze: Vor der Blüte werden die Stängel geschnitten und getrocknet.
Salbei: Kurz vor der Blüte schneiden Sie einige Triebspitzen mit jungen, zarten Blättern zum Trocknen. Diese bleiben lange würzig.
Schnittlauch: Wird nur frisch verwendet. Am besten schmecken die Halme im Frühling.
Thymian: Kurz vor der Blüte schneiden Sie einige Zweige zum Trocknen. Das kräftige Aroma hält sich lange Zeit.

behutsam mit den Fingern abknipsen. Verwenden Sie zum Konservieren nur einwandfreie, gesunde Pflanzenteile. Legen Sie diese locker in ein luftiges Weidenkörbchen und verarbeiten Sie sie rasch.
In der Küche schütteln Sie die Zweige einmal kräftig, damit versteckte kleine Tiere herausfallen. Kranke oder beschädigte Blätter entfernen Sie sorgsam. Am besten wäre es, wenn Sie die Kräuter nun gleich trocknen könnten. In Gegenden mit großer Luftverschmutzung müssen Sie sie aber leider noch einmal behutsam abwaschen. Anschließend schütteln Sie sie aus und trocknen sie vorsichtig mit Küchenpapier ab. Breiten Sie die Kräuter dann locker auf sauberen Küchentüchern im Schatten aus. Sie dürfen erst weiter verarbeitet werden, wenn sie nicht mehr feucht sind. Sonst besteht die Gefahr, dass sie schimmeln.

Binden Sie aus den trockenen oder abgetrockneten Kräutern lockere Sträuße. Die Stiele werden in einer Schlinge aus einfacher Kordel festgehalten. Dann hängen Sie die Kräuterbüschel an einen schattigen, luftigen Platz zum Trocknen auf. Der Prozess des Dörrens soll langsam, bei mäßiger Wärme ablaufen.
Sobald die Kräuter so trocken sind, dass sie rascheln und zwischen den Fingern zerbröseln, werden sie behutsam von den Stängeln abgestreift und in Schraubgläsern oder Teedosen aufbewahrt. Wichtig ist, dass Sie Ihre Kräuter fest und luftdicht verschließen; stellen Sie sie möglichst an einen dunklen, trockenen Platz. Dann bleiben Würze und Heilstoffe am besten erhalten. Mindestens ein Jahr lang können Sie Ihre selbst geernteten Kräuter als Küchenwürze oder Tee-Vorrat verwenden.

Kräuter werden nach der Ernte zu kleinen Sträußen gebunden und dann an einem warmen Platz getrocknet. So gewinnen Sie Tee und Gewürze für die Winterzeit.

Füllen Sie Ihre selbst geernteten Kräuter, wenn sie getrocknet sind, in fest verschließbare Schraubgläser. Bewahren Sie diese kostbaren Vorräte an einem kühlen, dunklen Platz auf.

Kräuterauswahl für den kleinen Garten

Ein- und zweijährige Kräuter

Basilikum

(Ocimum basilicum)

Anbau: Das Basilikum kam aus warmen Ländern zu uns. Je nach Sorte wird es 15–16 cm hoch. Säen Sie das Kraut im warmen Haus ab März bis April aus. Es lohnt sich, verschiedene Sorten aus dem reichen Angebot auszuprobieren. Ab Mitte Mai kann das Basilikum in den Garten umziehen. Am besten gedeiht es in großen Töpfen.
Wichtig: Wählen Sie einen sonnigen, geschützten Platz und gießen Sie stets reichlich. Junge Pflanzen müssen vor Schnecken geschützt werden.
Ernte und Verwendung: Frische Blätter können Sie jederzeit pflücken. Das warme, süß-würzige Aroma des Basilikums passt zu südländischen Gemüsegerichten und zu Salaten, vor allem zu Tomaten. Basilikum-Tee wirkt krampflösend auf Magen und Nerven.

Bohnenkraut

(Satureja hortensis)

Anbau: Das einjährige Bohnenkraut liebt die Wärme. Es wird 40–50 cm hoch. Ab Mai können Sie es im Garten aussäen. Die feinen Samen werden nur ganz dünn mit Erde bedeckt. Zwischen den einzelnen Reihen lassen Sie 20–25 cm Platz. Zu dicht stehende Pflanzen müssen ausgelichtet werden.
Wichtig: Anfangs müssen Sie die Aussaat gleichmäßig feucht halten. Später verträgt das Kraut auch Trockenheit. Günstig ist die Mischkultur mit Bohnen.
Ernte und Verwendung: Bis zum Herbst können Sie frische Zweige pflücken. Während der Blüte wird das Kraut zum Trocknen geschnitten. Bohnenkraut behält seine starke aromatische Würzkraft. Verwenden Sie es zu frischen grünen Bohnen oder zu rustikalen Eintöpfen. Bohnenkraut-Tee wirkt appetitanregend und magenberuhigend.

Die Blüten des Borretsch schmücken den Garten und dienen den Bienen als Nahrung.

Borretsch

(Borago officinalis)

Anbau: Der starkwüchsige Borretsch mit seinen rauhaarigen Blättern und den blauen Blütensternen stellt keine großen Ansprüche. Das Kraut wird 50–80 cm hoch und bildet kräftige Büsche. Ab April streuen Sie die Samen breitwürfig auf ein Beet. Lassen Sie nur wenige Pflanzen mit 40–50 cm Abstand stehen.
Wichtig: Borretsch liebt feuchten humusreichen Boden. Er verträgt leichten Schatten. Die Blüten sind eine Bienenweide!
Ernte und Verwendung: Nehmen Sie nur zarte junge Blätter. Die frisch-säuerliche Würze des Borretsch passt gut zu Salaten und Kräuterquark. Auch die Blüten sind essbar. Trocknen ist nicht möglich. Borretsch wirkt herzstärkend.

Das prachtvolle Blütenmeer des Dills lockt zahlreiche Insekten in Ihren Kräutergarten.

Dill

(Anethum graveolens var. *hortorum)*

Anbau: Dill kam aus den warmen Mittelmeerländern zu uns. Von April bis Mai kann er im Garten ausgesät werden. Die Reihen benötigen 25–30 cm Abstand. Erwachsene Pflanzen können bis zu 1,50 m hoch werden.
Wichtig: Dill liebt feuchten Boden für seine langen Pfahlwurzeln, aber viel Sonne, um Blätter und Blüten zu entfalten. Die Mischkultur mit Gurken wirkt sich günstig aus.
Ernte und Verwendung: Die aromatischen Dillblätter können Sie den ganzen Sommer frisch pflücken. Sie lassen sich auch einfrieren. Dill passt zu Salaten, Gurken, Quark und Fisch. Die großen Blütenstände werden beim Einlegen von Gurken verwendet. Aus Dillsamen können Sie Tee aufbrühen, der Blähungen lindert.

Kapuzinerkresse

(Tropaeolum majus)

Anbau: Die Kapuzinerkresse ist ein wärmebedürftiges Sonnenkind, das aus Peru zu uns kam. Ab Mai säen Sie die großen Samen mit 10–20 cm Abstand im Freiland aus. Die Pflanzen bilden bis zu 2 m lange Ranken. Vom Sommer bis zum Herbst entwickeln sich unermüdlich neue Blüten in leuchtenden Gelb-, Rot- und Orangetönen. Es gibt auch eine niedrige Art *(T. minus)*, die runde Büsche ohne Ranken bildet.
Wichtig: Lassen Sie die Ranken der Kapuzinerkresse am Zaun hoch wachsen. Sie kann sich auch als Bodendecker zwischen den Tomaten ausbreiten.
Ernte und Verwendung: Sowohl die frischen Blätter als auch die farbenprächtigen Blüten können monatelang als aparte süßscharfe Würze für Salate verwendet werden. Kapuzinerkresse stärkt die Abwehrkräfte mit antibiotischen Substanzen und Vitaminen.

Kerbel

(Anthriscus cerefolium)

Anbau: Kerbelsamen kann schon ab Ende März im Garten ausgestreut werden. Die Reihen benötigen 10 cm Abstand. Halten Sie die Saat gleichmäßig feucht. Der anspruchslose Kerbel wächst schnell 30–60 cm hoch und kann schon nach 6–8 Wochen geerntet werden.
Wichtig: Wenn Sie öfter eine Reihe nachsäen, können Sie die Erntezeit verlängern.
Ernte und Verwendung: Die weichen, gefiederten Blätter des Kerbels werden vor der Blüte frisch geerntet. Sie schmecken würzig-

Die Kapuzinerkresse kann im Kräutergarten wachsen oder als Randpflanzung auf dem Salatbeet.

süßlich und passen zu Salaten ebenso wie zu Suppen und Kräuteromelettes. Keine Konservierung.

Majoran
(Origanum majorana)

Anbau: Ab Mai, wenn der Boden sich erwärmt hat, können Sie die feinen Majoransamen im Kräutergarten aussäen. Die Reihen benötigen 20–25 cm Abstand. Bedecken Sie die Saat nur sehr dünn mit Erde.
Wichtig: Lassen Sie nur alle 15–20 cm eine Pflanze stehen, dann entwickelt sich der Majoran zu verzweigten 30–40 cm hohen Büschen.
Ernte und Verwendung: Die grau-grünen Blättchen duften stark und aromatisch. Sie können sie bis zum Herbst jederzeit frisch ernten. Zum Trocknen schneiden Sie Majoran, solange die rundlichen Blütenknospen noch geschlossen sind. Das Aroma hält sich sehr lange. Die nur dem Majoran eigene Würze der Blätter passt zu Kartoffeln, Eintöpfen und gedünsteten Tomaten. Majoran-Tee wärmt den Magen und wirkt krampflösend.

Die warme Würze des Majorans ist mit keinem anderen Kraut zu vergleichen. Probieren Sie ihn aus!

Petersilie
(Petroselinum crispum)

Anbau: Petersilie ist ein zweijähriges Kraut. Im ersten Jahr bildet sich eine 20–30 cm hohe Rosette aus krausen Blättern; im zweiten Jahr blüht das Kraut. Petersilie ist nicht kälteempfindlich. Säen Sie die Samen von März bis April oder im August mit 15 cm Reihenabstand aus. Das Kraut liebt feuchten Humus. Meiden Sie zu trockene Standorte.
Wichtig: Petersilie ist mit sich selbst unverträglich – wechseln Sie deshalb jedes Jahr den Standort!
Ernte und Verwendung: Die kräftigwürzigen Petersilienblätter können Sie jederzeit pflücken, sobald die Pflanzen groß genug sind. Auch im Winter ist das vitamin-C-reiche krause Grün an einem schneegeschützten Ort erntebereit. Petersilie können Sie auch einfrieren. Das Kraut passt zu Kartoffeln, Suppen und Soßen.

Rauke oder Rucola
(Eruca sativa)

Anbau: Die runden Samen können ab April auf ein Gartenbeet gesät werden. Sie keimen rasch wie Radieschen. Rauke eignet sich gut als Randpflanzung. Die Reihen benötigen 15–20 cm Abstand. Sie können Raukesamen auch breitwürfig auf einem kleinen Beet ausstreuen. Das Kraut gedeiht ebenso problemlos in Kästen und Töpfen.
Wichtig: Rucola wächst schnell 20–40 cm hoch. Säen Sie öfter eine Reihe nach, weil junge Blätter am besten schmecken; ältere werden scharf und hart.
Ernte und Verwendung: Pflücken Sie ständig frische Blätter; auch die zarten elfenbeinfarbigen Blüten sind essbar. Rauke passt als beliebte Würze mit südländischem Flair zu Salaten, Tomaten und italienischen Vorspeisen. Vorzüglich ist die Konservierung als Pesto.

Mehrjährige Kräuter

Bärlauch
(Allium ursinum)

Anbau: Am besten besorgen Sie sich junge Pflanzen, die von März bis April mit 10–20 cm Abstand gesetzt werden können. Im Herbst können Sie auch die kleinen Bärlauchzwiebeln in die Erde stecken. Das Kraut treibt eine Fülle schmaler Blätter. Die dichten, bodendeckende Horste erreichen 20–30 cm Höhe. Im Mai erscheinen weiße Blüten.
Wichtig: Bärlauch ist ein heimisches Kraut, das in lichten Buchenwäldern gedeiht. Geben Sie ihm im Garten einen halbschattigen Platz unter Sträuchern oder am Rand einer Hecke. Die Erde sollte feucht und humusreich sein.
Ernte und Verwendung: Frische Bärlauchblätter werden im Frühling geerntet, bevor die Blüten erscheinen. Die beliebte feine Knoblauchwürze passt zu Salaten, Quark, Suppen und Vorspeisen. Bärlauch-Pesto ist die delikateste Form der Konservierung.

Der Französische Estragon gilt als unentbehrliche Feinschmecker-Würze im Kräutergarten.

Bärlauch, das nach Knoblauch duftende Trend-Kraut, ist mit einem Schattenplatz zufrieden.

Estragon
(Artemisia dracunculus)

Anbau: Russischen Estragon können Sie ab April ins Freiland säen. Den aromatischeren **Französischen Estragon** müssen Sie als Jungpflanze kaufen; er wird nur vegetativ vermehrt. Setzen Sie die kleinen Stauden mit 40 × 40 cm Abstand, sie erreichen später 60–150 cm Höhe.
Wichtig: Estragon liebt feuchten, humosen Boden. Im Frühling werden die Pflanzen zurückgeschnitten.
Ernte und Verwendung: Kleine Zweige mit zarten Blättern können Sie den ganzen Sommer ernten. Zum Trocknen schneiden Sie die gerade aufblühenden oberen Triebspitzen. Die Feinschmeckerwürze mit dem delikaten leicht süßlichen Aroma passt zu Salaten, Soßen, Geflügel und Fisch. Estragon wirkt durch seine Gerb- und Bitterstoffe appetitanregend.

Lavendel
(Lavandula angustifolia)

Anbau: Ab März können Sie Lavendel auf der Fensterbank oder im Gewächshaus aus-

säen. Einfacher ist es, wenn Sie vorgezogene Pflanzen ab Mai mit 40–50 cm Abstand in den Garten setzen. Lavendel bildet herrlich duftende kleine Sträucher mit grauen schmalen Blättern und meist blauen Blütenähren. Er erreicht 30–60 cm Höhe.
Wichtig: Lavendel stammt aus dem Mittelmeerraum. Er liebt einen sonnigen Standort und durchlässigen eher trockenen Boden. Sehr gut ist ein Platz im Steingarten!
Ernte und Verwendung: Zum Würzen können Sie die Blätter jederzeit verwenden. Schneiden Sie die Blüten mit den Stängeln zum Trocknen. Die Sträußchen erfüllen den Schrank mit ihrem frischen Duft und vertreiben Motten. Lavendelblätter passen als Würze zu Fisch und Geflügel. Lavendel-Tee wirkt nervenstärkend und entspannend.

Lavendel hüllt den Garten mit seinen violetten, manchmal auch weißen Blütenähren in eine Duftwolke.

Melisse oder Zitronenmelisse
(Melissa officinalis)

Anbau: Die unempfindliche Melisse können Sie ab April im Freiland aussäen. Im Mai werden die Jungpflanzen mit 40–50 cm Abstand auf ein sonniges Kräuterbeet versetzt. Zitronenmelisse bildet kräftige Büsche, die 50–80 cm Höhe erreichen.
Wichtig: Das blattreiche Kraut liebt nahrhaften, feuchten Humus. Versorgen Sie die Melisse regelmäßig mit Kompost.
Ernte und Verwendung: Frische Blätter können Sie vom Sommer bis zum Herbst pflücken. Zum Trocknen verwenden Sie die oberen Triebspitzen, bevor die Pflanzen blühen. Das frische Zitronenaroma der Melisse passt zu Salaten, Tomaten, Kräutersoßen und Quark. Melissen-Tee beruhigt die Nerven.

Oregano
(Origanum vulgare)

Anbau: Sie können Oregano ab April selber im Garten aussäen. Vorgezogene Pflanzen werden von April bis Mai mit 20–30 cm Abstand aufs Beet versetzt. Sie bilden üppige Büsche, die 30–50 cm Höhe erreichen. Die rosa-roten manchmal auch weißen Blüten sind bei Bienen und Schmetterlingen beliebt.
Wichtig: Geben Sie dem Oregano einen sonnigen Platz mit durchlässigem Boden. Das Kraut ist sonst anspruchslos und eignet sich gut für Kräutergärtner, die noch keine großen Erfahrungen haben.
Ernte und Verwendung: Für die Küche können Sie die kräftig-würzigen Blätter vom Frühling bis zum Herbst verwenden. Zum Trocknen schneiden Sie das ganze blühende Kraut. Es behält lange seine Würzkraft. Oregano passt zu südländischen Gerichten, zu Pizza, Gemüse, Tomaten und Eintöpfen. Oregano-Tee stärkt den Magen.

Pfefferminze
(Mentha × piperita)

Anbau: Setzen Sie ab April Wurzelausläufer oder vorgezogene Pflanzen in den Kräutergarten. Je nach Art und Sorte erreichen Minzen 40–80 cm Höhe. Sie lieben einen feuch-

ten, humusreichen Boden und einen Platz im lichten Schatten oder in der Sonne.
Wichtig: Pfefferminzen wuchern! Sie bilden mehr oder weniger weitreichende Wurzelausläufer. Wählen Sie deshalb einen Standort, an dem sie sich ausbreiten können. Es gibt eine Fülle verschiedener Arten und Sorten mit den wunderbarsten Aromen von Orangen- bis Schokominze. Bezugsquellen finden Sie im Anhang.
Ernte und Verwendung: Frische Minzenblätter können Sie den ganzen Sommer ernten. Zum Trocknen müssen Sie das Kraut vor der Blüte schneiden. In der Küche passt das Minzenaroma zu Lamm und Desserts. Pfefferminztee wärmt und beruhigt den Magen.

Rosmarin

(Rosmarinus officinalis)

Anbau: Rosmarin können Sie an einem warmen Platz im Haus aussäen. Einfacher ist es, vorgezogene Pflanzen zu kaufen, die ab Mitte Mai in den Garten umziehen dürfen. Der verholzende Strauch mit den nadelförmigen Blättern erreicht 50–120 cm Höhe. Er liebt die Sonne.
Wichtig: Rosmarin ist nicht winterhart. Halten Sie ihn in Töpfen, ältere große Pflanzen in Kübeln, die im Herbst ins Haus geholt werden. Sie brauchen dann bis zum Frühling einen kühlen, hellen Platz.
Ernte und Verwendung: Die kräftige Würze der immergrünen Rosmarinblätter steht jederzeit zur Verfügung. Sie passt zu Fleisch, Tomaten und vielen italienischen Gerichten. Rosmarin-Tee regt den Kreislauf an.

Vom Küchensalbei gibt es auch buntblättrige Sorten. Hier wächst er zusammen mit blühendem Thymian.

Salbei

(Salvia officinalis)

Anbau: Ab März können Sie Salbei im Warmen aussäen. Vorgezogene Jungpflanzen werden von April bis Mai mit 30–40 cm Abstand in den Garten gesetzt. Die verholzenden kleinen Sträucher erreichen mit der Zeit 30–70 cm Höhe. Die silbergrauen Blätter und die lila-blauen Blüten sind eine Zierde des Kräutergartens. Es gibt auch wunderschöne buntblättrige Sorten.
Wichtig: Salbei braucht viel Sonne und durchlässige Erde mit Kalkgehalt. Halten Sie ihn eher mager – zum Beispiel auf einem Trockenmäuerchen.
Ernte und Verwendung: Die aromatischen Blätter können Sie vom Frühling bis zum Herbst pflücken. Zum Trocknen schneiden Sie die obersten frischen Triebspitzen vor der Blüte. Die herbwürzigen Salbeiblätter passen zu Fleischgerichten, Eintöpfen und italienischen Gemüsemischungen. Salbei-Tee lindert Halsschmerzen.

Sauerampfer

(Rumex rugosa)

Anbau: Säen Sie den Garten-Sauerampfer im April auf ein Beet. Lassen Sie später nur alle

20–30 cm eine Pflanze stehen. Sauerampfer ist starkwüchsig und unkompliziert. Er erreicht 30–80 cm Höhe.
Wichtig: Das heimische Kraut liebt feuchten Boden, es gedeiht auch noch gut im Halbschatten. Geben Sie dem Ampfer reichlich Kompost!
Ernte und Verwendung: Nur die Frühlingsblätter werden geschnitten und frisch verwendet. Wenn die Pflanzen zu blühen beginnen, ist die Erntezeit beendet. Aus den säuerlichen Blättern wird Sauerampfersuppe zubereitet. Sie schmecken auch zu Salaten, Soßen und Quark. Keine Konservierung.

Schnittlauch

(Allium schoenoprasum)

Anbau: Der in unseren Breiten heimische Schnittlauch wird einfach im April in einer Reihe im Garten ausgesät. Sobald die würzigen Halme etwas größer und stabiler geworden sind, verpflanzen Sie sie büschelweise mit 20 cm Abstand. Schnittlauch wächst 20–30 cm hoch. Er gedeiht ebenso gut im lichten Schatten wie in der Sonne. Sehr hübsch wirkt er als Einfassung.
Wichtig: Schnittlauch liebt feuchten Humus. Geben Sie ihm Kompost und eine kleine Portion Hornspäne.
Ernte und Verwendung: Am besten schmecken die saftigen Schlotten im Frühling. Schnittlauch wächst ständig nach. Sie können deshalb bis zum Herbst ernten. Auch die Blüten sind essbar! Die zwiebelartige Würze passt zu Salaten, Soßen, Suppen und Quark. Keine Konservierung.

Thymian

(Thymus vulgaris)

Anbau: Sie können den Thymian an einem warmen Platz im Haus selber aussäen. Vorgezogene Pflanzen werden von April bis Mai an Ort und Stelle mit 20 cm Abstand in den Garten gesetzt. Die niedrigen verholzenden Sträuchlein erreichen 10–20 cm Höhe. Ihre hell-lilafarbigen Blüten sind bei Bienen und anderen Insekten sehr beliebt.
Wichtig: Thymian stammt aus dem Mittelmeerraum. Er braucht volle Sonne und einen trockenen Standort. Das Kraut eignet sich gut als Randpflanzung. Ein Steingarten bietet naturgemäße Wachstumsbedingungen.
Ernte und Verwendung: Zweige mit den kleinen stark duftenden Blättern können Sie jederzeit pflücken. Zum Trocknen wird das Kraut vor der Blüte geschnitten. Die kräftig herbe Thymianwürze passt zu Fleisch, rustikalen Eintöpfen und südländischen Gerichten. Thymian-Tee hilft bei Husten und Erkältungen.

Zur Blütezeit lockt der Thymian Bienen und Schmetterlinge in Ihren Kräutergarten.

Der kleine Obstgarten

Köstliche Ernten auf kleinstem Raum

Hochstämmige alte Obstbäume, die im Frühling wie riesige Blumensträuße blühen und sich im Herbst unter früchtebeladenen Zweigen biegen, bleiben für die meisten Gärtner ein unerfüllter »Traum vom Lande«. In den normalen Hausgärten finden nur bescheidenere Obstarten Platz. Dennoch brauchen Sie nicht auf das Vergnügen zu verzichten, von »süßen Früchten« zu naschen. Vor allem das Beerenobst lässt sich gut in einen kleinen Nutzgarten eingliedern. Auch unter den Obstbäumen gibt es heute schwach wachsende Zuchtformen, die wenig Raum beanspruchen und doch gute Ernte bringen. Dazu gehören vor allem unkomplizierte Apfelbäumchen.

Auf den folgenden Seiten finden Sie einige ausgewählte Beispiele, die Ihnen zeigen, wie verschiedene Obst- und Beerenarten im naturgemäßen Garten angepflanzt und gepflegt werden. Diese Auswahl erhebt keinerlei Anspruch auf Vollständigkeit; sie soll Ihnen nur als Anregung dienen und die Freude an süßen Experimenten wecken.

Erdbeeren – die süßen Roten aus dem Wald

Für die leuchtend roten Früchte der Erdbeeren findet sich in jedem Garten noch ein Platz. Frisch geerntet sind sie ein Hochgenuss. Nirgends können Sie Erdbeeren kaufen, die so würzig-süß schmecken, wie die selbst gezogenen Früchte, die erst gepflückt werden, wenn sie ganz reif und aromatisch sind.

Es gibt inzwischen eine Fülle guter Erdbeerzüchtungen, sodass Sie die Auswahl ganz nach Ihrem persönlichen Geschmack und nach dem vorhandenen Platz treffen können. In sehr kleinen Hausgärten entscheiden Sie sich am besten für die **Monatserdbeeren.** Diese Pflanzen bilden rundliche Büsche ohne Ausläufer und tragen kleine, sehr aromatische Früchte von Juni bis zum Frost. Sie eignen sich als Wegeinfassung oder Beetumrandung.

Für einen Nutzgarten mit wenigen Beeten bieten die **öftertragenden Erdbeersorten** viele Vorteile. Sie bringen zwar keine Superernte, verwöhnen Sie dafür aber im Herbst noch mit frischen Beeren für einen köstlichen Nachtisch. Wenn Sie reichlich Platz zur Verfügung haben, dann sollten Sie frühe, mittelfrühe und späte Erdbeersorten pflanzen. Auf diese Weise verlängern Sie die Erntezeit um mehrere Wochen. Kaufen Sie für ein neues Beet gutes Züchtersaatgut. Später können Sie Ihre Bestände selbst vermehren.

Wenn Sie nun den Platz für ein Erdbeerbeet aussuchen, dann sollten Sie dabei die süßen kleinen **Walderdbeeren** vor Augen haben. Sie gehören zu den Vorfahren unserer Gartenbeeren. Auf sonnigen Waldlichtungen bilden sie dichte Teppiche. Laub und Gräser bedecken dort den Boden. Unter dieser schützenden Decke bleibt die leicht saure, humusreiche Erde feucht und locker.

Unvergleichlich süß und köstlich schmeckt die Obsternte aus dem eigenen Garten.

Je sorgfältiger das Erdbeerbeet vorbereitet ist, desto besser fällt die Ernte in den kommenden Jahren aus. Wichtig: ein sonniger Platz und genügend Abstand.

Die Vorbereitung des Beetes

Übertragen Sie nun einfach die wichtigsten Elemente dieser Waldwiese auf Ihr Gartenbeet, und Sie werden sich schon im nächsten Jahr an gesunden, reich tragenden Erdbeerreihen erfreuen können. Das Beet soll sonnig und geschützt liegen. Es wird sorgfältig vom Unkraut befreit und durchgehackt. Frühkartoffeln oder eine Gründüngung eignen sich hervorragend als Vorfrucht. Beide hinterlassen einen lockeren Boden. Kompost bildet die beste Grunddüngung. Leicht saurer Laubkompost wäre ideal. Möglichst schon 2–3 Wochen vor der Pflanzung sollten Sie auf dem vorbereiteten Beet einen organischen Dünger ausstreuen und leicht in die Erdoberfläche einharken. Dazu eignen sich zum Beispiel Hornmehl, Algendünger oder Tresterprodukte.

Die Erdbeer-Pflanzung

Im August und September ist die günstigste Zeit zur Anlage eines neuen Erdbeerbeetes. Je früher Sie beginnen, desto besser und reichlicher können die Pflanzen in den kommenden Wochen noch Wurzeln, Blätter und Blütenansätze für das kommende Jahr bilden. Auf einem 1,20 m breiten Beet haben zwei Erdbeerreihen Platz. Setzen Sie die Jungpflanzen mit 25–30 cm Abstand und füttern Sie das Pflanzloch mit reifem Kompost aus. Wenn Sie dann noch Ihre Erdbeeren mit verdünnter Brennnessel-Jauche angießen, haben Sie beste Vorsorge getroffen für gesundes Gedeihen.
Ganz zum Schluss sollten Sie zwischen den Reihen noch eine schützende Mulchdecke auslegen – ähnlich wie im Wald. Leicht sauer reagierende organische Stoffe eignen sich dazu besonders gut: gemischtes Laub, Nadelstreu, Rindenabfälle, Hobelspäne oder klein geschnittene Zweigstücke. Sie können aber auch Stroh oder Grasschnitt verwenden. Unter dieser Abdeckung bleibt der Boden feucht und locker. Sie brauchen kaum zu gießen oder Unkraut zu hacken. So wachsen die flachen Erdbeerwurzeln ungestört und können sich kräftig entwickeln.
Ein naturgemäß angelegtes, sorgfältig ge-

Die Ableger von reichtragenden Mutterpflanzen werden in kleine Töpfchen mit lockerer Erde geleitet. Dort bilden sie bald Wurzeln.

Erdbeer-Sorten für den kleinen Garten

- 'Elvira' – wohlschmeckende frühe Sorte, geringe Grauschimmelgefahr
- 'Senga Sengana' – bewährte mittelfrühe Sorte, reiche Ernte
- 'Mieze Schindler' – alte spätreifende Sorte mit dunkelroten Früchten und unvergleichlichem Aroma; benötigt eine Befruchtersorte und wird deshalb meist im »Kombi-Paket« geliefert.
- 'Ostara' – bewährte öftertragende Sorte, aromatisch-süß, Ernte bis in den Herbst
- 'Florika Erdbeerwiese' – eine neue Kreuzung zwischen Walderdbeeren und Gartenerdbeeren, bildet dichte Teppiche; wunderbares Aroma; die Früchte reifen an hohen Stielen über dem Laub und sind deshalb wenig anfällig für Pilzerkrankungen und Schneckenfraß.

Die Erdbeersorte 'Florika' entstand aus einer Kreuzung mit Waldbeeren. Ihre Früchte besitzen ein wunderbares würzig-süßes Aroma.

pflegtes Erdbeerbeet trägt 3–4 Jahre reichlich Früchte. Danach sollten Sie ein neues Beet einplanen.

Die Sommerpflege der Erdbeeren

Nach der Ernte brauchen Erdbeeren besonders sorgfältige Pflege, damit sie auch im nächsten Jahr wieder reich tragen. Sie können im August den größten Teil der Blätter abschneiden; achten Sie aber darauf, dass das Herz der Pflanzen nicht beschädigt wird. Auch die Ranken, die sich jetzt reichlich bilden, sollten Sie entfernen. Nur einige ausgewählte reich tragende Mutterpflanzen dürfen Ableger für die Vermehrung treiben.
Im Spätsommer und Herbst bilden die Erdbeeren bereits die Blütenansätze für das kommende Jahr aus. Auch Blätter und Wurzeln wachsen noch kräftig. Deshalb werden jetzt ältere, bereits tragende Pflanzungen mit Kompost und einem organischen Dünger versorgt. Anschließend decken Sie die Erde wieder mit einer Mulchschicht zu.

Erdbeeren selbst vermehren

Wenn Sie von einer vorhandenen, wohlschmeckenden Erdbeersorte ein neues Beet anlegen möchten, dürfen Sie für den eigenen, privaten Bedarf Ableger davon ziehen. Die »Kindel«, die sich nach der Ernte an langen Ranken bilden, treiben rasch Wurzeln. Sehr kräftige Jungpflanzen bekommen Sie, wenn Sie die Ableger direkt in kleine Blumentöpfe mit guter Erde einsenken, die neben den Mutterpflanzen in den Boden eingegraben werden. Mit kleinen Klammern, die Sie aus einem Stückchen Draht leicht in Haarnadelform biegen können, drücken Sie die »Nabelschnur« fest in die Blumentopferde. So gewinnt die kleine Pflanze Halt. Schon nach 10–14 Tagen ist sie eingewurzelt. Dann schneiden Sie die Ranken ab. Die jungen Erdbeersetzlinge können nun jederzeit auf ein neues Beet gebracht und ausgepflanzt werden. Je kräftigere Wurzelballen sie vorher bilden, desto besser. Eine längere Anzuchtzeit ist also günstig.

Waldatmosphäre hält Himbeeren gesund

Süße rote Himbeeren können Sie auch im Wald pflücken! Unsere Gartensorten ähneln ihren »wilden« Vorfahren noch sehr. Die neuen Züchtungen besitzen aber größere Beeren und bieten den Vorteil einer längeren Erntezeit.
In der freien Natur wachsen Himbeeren als Unterholz. Sie gedeihen am besten im lichten Schatten, wo sie vor Wind geschützt sind. Trotzdem erreicht sie dort noch genügend Sonne, sodass die Beeren ihr volles, süßes Aroma entwickeln können. In leicht saurem, möglichst etwas lehmhaltigem Humus fühlen sich die Pflanzen besonders wohl.

Pflanzen – Mulchen – Düngen

Von September bis Oktober und dann noch einmal im zeitigen Frühjahr können Sie eine neue Himbeerpflanzung anlegen. Untereinander benötigen die Jungpflanzen 40–60 cm Abstand, weil sie später Ausläufer treiben. Zwischen den Reihen müssen Sie, je nach Sorte, 1,20–1,60 m Zwischenraum einplanen. Pflanzen Sie relativ flach, und schneiden Sie die jungen Ruten im Frühling auf 4–5 Augen zurück.
Himbeeren können Sie als süße Naschhecke am Zaun entlang pflanzen. Besser zugänglich sind die Sträucher, wenn Sie ein einfaches Spalier bauen, das von beiden Seiten erreichbar ist. Spannen Sie zwischen zwei stabilen, gut verankerten Eckpfosten zwei Drähte. Durch die Zwischenräume »flechten« Sie später die langen Triebe; so ersparen Sie sich sogar das Festbinden
Der Platz, an dem die Himbeeren wachsen sollen, muss gut vorbereitet sein. Sehr günstig wäre eine Vorkultur mit tief wurzelnder Gründüngung, zum Beispiel eine Leguminosenmischung. Diese Pflanzen hinterlassen einen lockeren Boden, der mit Stickstoff angereichert ist. Versorgen Sie das Beet außerdem mit reichlich Kompost und etwas Steinmehl (ohne Kalk!).
Nachdem Sie gut angegossen haben, breiten Sie sofort über die feuchte Erde eine Mulchdecke aus, die während des ganzen Jahres ständig erneuert wird. Dies ist die wichtigste Pflegemaßnahme! Heimatliche Waldatmosphäre und eine leicht saure Bodenreaktion erreichen Sie durch Nadelstreu oder eine Mulchdecke aus Laub. Auch Rindenhäcksel eignet sich gut. Sie können aber auch halbverrotteten Kompost ausstreuen, der dann mit Stroh, Grasschnitt, Hobelspänen oder zerkleinertem Heckenschnitt abgedeckt wird. Als zusätzlicher Dünger im Herbst eignen sich Hornspäne oder ein organischer Mischdünger.

Ein vorbildlich angelegtes neues Himbeerbeet: Die jungen Triebe sind an einem stabilen Spalier befestigt; der Boden ist mit Mulchmaterial bedeckt.

Die altbewährte Himbeersorte 'Schönemann' (links) trägt große aromatische Beeren. Die neue Sorte 'Golden Bliss' lockt mit gelben wohlschmeckenden Früchten (oben rechts).

Schnitt und Gesundheitspflege

Himbeeren treiben im Sommer neue Ruten, die dann im folgenden Jahr Früchte tragen. Nach der Ernte sterben diese Zweige ab. Sie müssen dicht am Boden weggeschnitten werden. Entfernen Sie auch alle schwachen Triebe. Jede erwachsene Himbeerpflanze sollte 5–8 kräftige Neutriebe behalten. Zweimal tragende Sorten werden erst im Frühling zurückgeschnitten.
Verbrennen Sie vorsichtshalber den gesamten Himbeerschnitt, um Infektionen zu vermeiden. Die gefürchtete Himbeerrutenkrankheit erkennen Sie an grauen, später violettbraunen Flecken; die Rinde platzt, und die Triebe sterben ab. Solche kranken Pflanzenteile müssen Sie sofort wegschneiden und verbrennen! Außer den naturgemäßen Pflegemaßnahmen wirken vorbeugende Spritzungen mit Schachtelhalmbrühe gegen diese Pilzkrankheit. Wählen Sie Züchtungen, die nicht krankheitsanfällig sind!
Die süßen, weichen Himbeeren schmecken am besten, wenn sie ganz frisch gepflückt werden. Sie sind reich an Vitaminen und Mineralstoffen – ein gesundes Vergnügen aus dem eigenen Garten.

Alte bewährte Sorten

- 'Preußen-Auslese' – sehr gutes Aroma, reiche Ernten; anfällig für Himbeerruten-Krankheit
- 'Schönemann' – säuerlich-aromatische große Früchte, die spät reifen; kaum krankheitsanfällig
- 'Malling Promise' – süße Beeren; frühreifend, wächst stark und gesund
- 'Golden Queen' – rundliche goldgelbe Beeren, wohlschmeckende alte Liebhaber-Sorte.

Neue Züchtungen

- 'Korbfüller' – zweimal tragend (Juni und September-Oktober), aromatische Früchte
- 'Autumn Bliss'/'Blissy' – große aromatische Beeren, spätreifend von August bis Oktober; alle Fruchttriebe werden im November/Dezember tief am Boden abgeschnitten; die Himbeeren reifen nur am neuen Austrieb, deshalb nicht durch die Rutenkrankheit gefährdet
- 'Golden Bliss' – leuchtend gelbe aromatische Früchte, Kultur wie 'Autumn Bliss'.

Klein, aber ertragreich: Beerensträucher und Kronenbäumchen

Beerensträucher beanspruchen wenig Platz. Sie sind die idealen Obstlieferanten für die ganze Familie. Schon nach kurzer Zeit können Sie mit den Kindern reichlich gesunde Früchte ernten. Im Herbst beginnt die günstige Pflanzzeit für Gehölze, zu denen auch Stachelbeeren und Johannisbeeren gehören. Bei offenem Wetter können Sie von Oktober bis weit in den November hinein Beerensträucher in den Boden setzen. Falls Sie im Herbst nicht mehr dazu kommen, läßt sich die Pflanzung auch auf März oder April verschieben.

Bodenvorbereitung und Pflege

Der Boden muss sorgfältig vorbereitet werden. Lockern Sie die Erde gründlich und tief.

Unkraut entfernen Sie mit allen Wurzeln. Später dürfen Sie die nachwachsenden Beerensträucher nicht mehr durch intensives Hacken stören.
Für die Bodenvorbereitung verteilen Sie reichlich Kompost. In die oberste Erdschicht arbeiten Sie einen langsam wirkenden organischen Dünger ein, zum Beispiel Hornspäne.
Heben Sie das Pflanzloch so geräumig wie möglich aus. Die Wurzeln sollen sich unbeengt ausbreiten können. Die Sträucher setzen Sie etwas tiefer als sie vorher in der Baumschule gestanden haben; sie bilden dann an der Basis viele neue Triebe.
Die Wurzeln werden vor der Pflanzung nur leicht eingekürzt. Die Zweige der Sträucher schneiden Sie dagegen um zwei Drittel zurück. Füllen Sie das Pflanzloch wieder mit der ausgehobenen Erde, die möglichst mit Kompost vermischt werden sollte. Treten Sie diese Füllung vorsichtig fest, damit die Wurzeln engen Kontakt mit der Erde bekommen. Dann gießen Sie gründlich mit der Gießkanne an.
Sehr wichtig für eine gesunde Entwicklung der Beerensträucher ist eine ständige Bodendecke. Stachelbeeren und Johannisbeeren sind ursprünglich an lichten Waldrändern zu Hause. Sie lieben deshalb einen sonnigen bis halbschattigen Standort und feuchten, lockeren Humus. Breiten Sie rund um die Sträucher eine Mulchschicht aus Laub, Gras oder zerkleinerten, holzigen Gartenabfällen aus. Diese Decke schützt die Bodenfeuchtigkeit und setzt sich langsam in guten Humus um. Erneuern Sie sie immer wieder, wenn die Abfälle verrottet sind.

In der sorgfältig vorbereiteten Pflanzgrube wird der junge Beerenstrauch etwas tiefer gesetzt als er vorher gestanden hat.

Die alte Johannisbeersorte 'Weiße Versailler' ist eine Delikatesse, die Sie am besten frisch vom Strauch genießen sollten.

'Hinnomäki' gehört zu den neuen Stachelbeer-Züchtungen, die als resistent gegen Mehltau gelten. Die gelben Beeren sind süß und saftig.

Schnitt der Beerensträucher

Für gesundes Wachstum ist es auch wichtig, dass die Beerensträucher regelmäßig geschnitten werden, damit sie nicht überaltern und zuwuchern. Luft und Sonnenlicht sind notwendig, damit gesunde, aromatische Früchte reifen können. Grundsätzlich gilt, dass sowohl bei Stachelbeeren als auch bei Johannisbeeren alte, dunkelgefärbte Triebe regelmäßig tief am Boden entfernt werden. Für alle Schnittmaßnahmen ist die Zeit im Herbst oder im frühen Frühling günstig. Trotz vieler Gemeinsamkeiten gibt es bei den Beerensträuchern aber auch einige individuelle Ansprüche zu beachten:

• **Rote und Weiße Johannisbeeren** tragen ihre Früchte an den Zweigen, die zwei bis drei Jahre alt sind. Alle vierjährigen Triebe werden entfernt. Von den nachwachsenden Zweigen bleiben in jedem Jahr 2–3 kräftige Jungtriebe stehen. Der Rest des jährlichen Nachwuchses kann weggeschnitten werden. Insgesamt sollte ein gesunder Beerenstrauch aus 8–12 Trieben aufgebaut sein. So wächst er luftig und bleibt fruchtbar.

• **Schwarze Johannisbeeren** tragen vor allem am einjährigen Holz. Sie sollten also immer zu frischem Austrieb angeregt werden. Schneiden Sie alle abgeernteten Zweige tief am Boden ab. 2–3 Neutriebe dürfen jedes Jahr nachwachsen. Der Rest wird entfernt. Insgesamt sollten die starkwachsenden Büsche nicht mehr als acht kräftige Hauptäste haben.

• **Alle Stachelbeersorten** werden ähnlich wie die Johannisbeeren geschnitten. Die Sträucher tragen ebenfalls am zwei bis dreijährigen Holz. Alle Zweige, die älter sind, werden bis zum Boden abgeschnitten. Ein gut gewachsener Stachelbeerstrauch sollte aus 8–12 starken Trieben bestehen.

Große Auswahl – viele Farben

Johannisbeeren und Stachelbeeren werden in großer Sortenvielfalt angeboten. Es gibt immer noch zahlreiche altbewährte Züchtungen, die sehr empfehlenswert sind. Vor allem im Geschmack sind sie unübertroffen. Hinzu kommen gute neue Sorten, die sich zum Teil durch Krankheits-Resistenzen aus-

Für kleine Gärten eignen sich Kronenbäumchen besonders gut. Binden Sie die Stämmchen an einem Pfahl fest und stützen Sie die früchteschweren Kronen mit einem Holzgerüst.

Johannisbeer-Variationen

Rote Sorten – altbewährte Züchtungen:
- 'Jonkheer van Tets' – frühreifend, reichtragend, lange Trauben
- 'Heros' – frühreifend, wohlschmeckend; große Beeren an langen Trauben
- 'Heinemann's rote Spätlese' – späte Reife ab August; sehr aromatisch, lange Trauben, reich tragend

Neue Züchtung:
- 'Rovada' – extrem lange Trauben, reich tragend und robust, späte Reife ab Mitte Juli.

Weiße Sorten – altbewährte Züchtungen:
- 'Weiße Versailler' – früh reifend, feines Weinaroma; robuste alte Liebhabersorte
- 'Weiße aus Jüterbog' – früh reifend; süße Beeren an langen Trauben.

Schwarze Sorten – altbewährte Züchtungen:
- 'Silvergieters Schwarze' – Reife Ende Juni; mildes Aroma, robust
- 'Rosenthals Langtraubige' – Reife Ende Juni; große Beeren an langen Trauben, hoher Vitamin-C-Gehalt, gesund und robust

Neue Züchtungen:
- 'Titania' – mittelspäte Reife, reich tragend; resistent gegen Mehltau, Rost und Blattfallkrankheit
- 'Ometa' – spät reifend; lange Trauben, robust und widerstandsfähig gegen Rost, Mehltau und Blattfallkrankheit.

zeichnen. Dies ist ein wichtiger Gesichtspunkt bei der Sortenwahl. Wenn eine Stachelbeerzüchtung nicht anfällig für den Amerikanischen Stachelbeermehltau ist, dann bedeutet ihre Wahl schon den ersten Schritt zum vorbeugenden, naturgemäßen Pflanzenschutz!

Auch die Farben spielen eine wichtige Rolle – wer die Wahl hat, hat auch die Qual: **Rote Johannisbeeren** sind die süß-säuerlichen Klassiker unter diesen vielseitigen Beeren. Sie eignen sich zum frischen Verzehr ebenso wie zum Einmachen, Einfrieren und Backen. **Weiße Johannisbeeren** zeichnen sich durch ein fein säuerliches Weinaroma aus. Am besten schmecken sie von der Hand in den Mund. **Schwarze Johannisbeeren** besitzen ein herb-würziges Aroma und einen besonders hohen Vitamin-C-Gehalt. Bereiten Sie gesunden Saft oder köstliches Gelee aus den schwarzen Beeren.

Auch **Stachelbeeren** gibt es in verschiedenen Farben. Die weißen, gelben, grünen oder braunroten Sorten haben alle ein ausgeprägtes eigenes Aroma. Die Früchte eignen sich zum Rohessen, für Desserts und Marmeladen. Treffen Sie ihre Wahl so, wie es Ihrem Geschmack und Ihren Gartenverhältnissen entspricht.

Stachelbeeren in allen Farben

Gelbe Sorten – altbewährte Züchtungen:
- 'Hönings Früheste' – früh reifend, süße behaarte Früchte; nicht anfällig für Mehltau

Neue Züchtungen:
- 'Hinnomäki' – mittelfrühe Reife, goldgelbe Beeren; mehltauresistent
- 'Invicta' – mittelfrüh reifend, gelb-grüne Beeren, ertragreich; mehltauresistent;

Grüne Sorten – altbewährte Züchtungen:
- 'Grüne Kugel' – Reife Ende Juni, mildes Aroma, reich tragend und robust
- 'Lady Delamere' – mittelfrüh reifend, grüngelbe süße glattschalige Früchte, sehr robust.

Weiße Sorten – altbewährte Züchtungen:
- 'Weiße Triumpf' – mittelspäte Reife, süßaromatische weißliche Beeren; starkwüchsig und robust.

Rote Sorten – altbewährte Züchtungen:
- 'Maiherzog' – früh reifend, dunkelrote, glattschalige Beeren, süß-säuerlicher Geschmack
- 'Rote Triumpf' – spät reifend, dunkelrote behaarte dickschalige Beeren, süß-sauer; robust aber etwas mehltauanfällig

Neue Züchtung:
- 'Rokula' – mittelfrühe Reife, dunkelrote runde Früchte, wohlschmeckend; mehltauresistent.

Kronenbäumchen – die mundgerechte Alternative

Wenn Sie nur wenig Platz übrig haben, sollten Sie Kronenbäumchen auf hohen Stämmen pflanzen. Mit solchen Johannisbeer- oder Stachelbeerbäumchen können Sie eine reizende Beeren-Allee pflanzen. Rechts und links vom Gartenweg nehmen sie nur wenig Platz weg. Sie können leicht ernten. Und den Kindern wachsen die süßen Beeren fast in den Mund!

Pflanzen Sie einen Obstbaum!

Es ist immer noch etwas Besonderes, einen Apfelbaum im Garten zu pflanzen. Er erinnert auch moderne Menschen ein wenig an uralte Fruchtbarkeitssymbole und an die Ehrfurcht, mit der unsere Vorfahren solche großen Bäume mit ihrem reichen Erntesegen betrachteten. Ein Obstbaum blieb viele Jahre, oft Generationen lang, am gleichen Platz stehen. Auch wenn Sie heute auf begrenztem Raum nur einen kleinwüchsigen Baum pflanzen, so wird er doch für lange Zeit mit seinen leuchtenden Früchten ein Blickpunkt in Ihrem Garten sein.

Kleinwüchsige Apfelbäume tragen schon in jungen Jahren Früchte. Die 'Goldparmäne' lockt zum Ernten im Vorübergehen – ein Genuss für die ganze Familie!

»Pionierarbeit« zahlt sich aus

Die beste Pflanzzeit für Obstbäume liegt im Spätherbst. In Landschaften, in denen man mit frühen Wintereinbrüchen rechnen muss, wird am besten im Oktober gepflanzt, in milden Gegenden ist der November besonders günstig. Natürlich ist auch eine Frühjahrspflanzung möglich. Wählen Sie dann den Monat März. Gehölze sollten gut einwurzeln, bevor sie zu treiben beginnen. Wenn Sie einen kleinen Baum im Topf kaufen, der bereits einen Wurzelballen besitzt, gestaltet sich der Umzug in den Garten ganz unproblematisch. Dann ist auch eine spätere Pflanzung möglich.
Heben Sie die Wurzelgrube für einen Baum möglichst schon einige Wochen vor der Pflanzung aus. Bemessen Sie sie reichlich groß, damit sich die Wurzeln später bequem darin ausbrei-ten können. Je nach Baumart graben Sie 40–60 cm tief. Füllen Sie dann ein paar Schaufeln voll ausgereifter Komposterde in das Loch. Den Bodenaushub vermischen Sie ebenfalls mit Kompost. Fügen Sie außerdem etwas Holzasche, Steinmehl oder Algenkalk hinzu. Wenn Sie alles locker durcheinander geschaufelt haben, füllen Sie diese Mischung vorläufig wieder in die Grube. Nun decken Sie die Pflanzstelle mit Laub oder Grasschnitt ab. Wenn Sie dann im Spätherbst Ihren Obstbaum pflanzen, finden Sie einen mürben, humusreichen Boden vor. Die lockere Erde lässt sich leicht herausholen und wieder einfüllen. Die jungen Wurzeln können in diesem guten Humus leicht »Fuß fassen« und sich weiter ausbreiten.

Baumscheiben und Frostschutz

Legen Sie unter jedem Obstbaum eine Baumscheibe an, die so groß ist, dass sie den Umfang der Krone erreicht. Auf dieser offenen Fläche teilen Sie Kompost aus. Im Herbst wird der Boden mit Laub gemulcht, im Frühling streuen Sie einen organischen Dünger aus, und im Sommer können Sie den jungen Baum über die Baumscheibe wässern. Für die regelmäßige Erneuerung der Bodendecke eignen sich auch Grasschnitt oder Häcksel vom Heckenschnitt. Langjährige Erfahrungen zeigen, dass Obstbäume mit einer gepflegten Baumscheibe gesünder wachsen und weniger unter Krankheiten leiden. Frostrissen beugen Sie vor, wenn Sie die Stämme im Herbst oder im frühen Winter durch einen Kalkanstrich schützen. Im Biogarten mischt man Schachtelhalm-Brühe mit Lehm oder Tonmehl und fügt dann noch Algenkalk hinzu. Fertige Mischungen für den Baumanstrich bekommen Sie im Fachhandel.

Bäume für kleine Gärten

Für kleine Gärten eignen sich vor allem diejenigen Obstarten, die als so genannte **Spindelbüsche** gekauft werden können. Dazu gehören zum Beispiel Äpfel, die auf einer schwach wachsenden Unterlage veredelt wurden. Sie werden nur 2–3 m hoch und bleiben so schmal, dass sie mit 2,50–3 m Abstand gepflanzt werden können. Es ist also möglich, mehrere Bäumchen in einer Reihe zu pflanzen, zum Beispiel am Zaun entlang. Spindelbüsche tragen früh und sind bequem abzuernten.
Eine mittelgroße Baumform ist der **Buschbaum.** Die Stämme dieser Züchtungen werden 60–80 cm hoch, die Kronen bleiben relativ klein. Zwischen zwei Buschbäumen müssen Sie beim Pflanzen einen Abstand von 4–5 m einhalten. Quitten werden zum Beispiel als Buschbäume angeboten. **Halb- und Hochstämme** wachsen zu stattlichen Obstbäumen heran, die für kleine Gärten nicht empfehlenswert sind.
Gehölze, die im heimischen Klima aufgezogen wurden, bieten bereits eine gewisse

Süß-würzig schmeckt die gute alte Sorte 'Cox Orange'.

Eine köstliche Spezialität: der 'Schweizer Orangenapfel'.

Garantie für gesundes, angepasstes Wachstum. In einen naturgemäß angelegten und gepflegten Garten passen besonders gut alte Obstsorten, die heute wieder in vielen Baumschulen angeboten werden. Diese traditionsreichen Sorten zeichnen sich meist durch würziges Aroma und durch Widerstandsfähigkeit aus. Siehe Bezugsquellen, Seite 140.

Der Apfelbaum – ein kleines Stück vom Paradies

Pflanzen Sie einen Apfelbaum, wenn ein Kind geboren wird oder einfach, weil Sie diese köstlichen Früchte frisch vom Baum pflücken möchten. Diese Obstart ist unkompliziert und eignet sich deshalb gut für kleine Gärten. Alle Apfelbäume, die in unseren Gärten wachsen, sind Züchtungen, die auf speziellen Unterlagen veredelt wurden. Sie lieben einen feuchten möglichst etwas lehmigen Boden. Auch hohe Luftfeuchtigkeit ist günstig. Pflanzen Sie deshalb nie einen Apfelbaum an einem trockenen Südhang! Da Apfelbäume sehr flach wurzeln, können Sie ihnen gute Lebensbedingungen verschaffen, wenn Sie eine große Baumscheibe anlegen, die mit nahrhaftem Kompost versorgt und gemulcht wird.

Apfelbäume gehören zu den Fremdbestäubern. Jeder Baum braucht einen andersartigen Pollenspender. Wenn in den Nachbargärten bereits Apfelbäume wachsen, brauchen Sie sich keine Sorgen zu machen. Andernfalls müssen Sie mindestens zwei Bäume einplanen.

Bewährte Apfelsorten, die Sie als Spindelbüsche kaufen können

- 'Berlepsch' – gelbe, rötlich-gestreifte Früchte, fein-würziges, saftiges Fleisch
- 'Cox Orange' – gelblich bis bis braunrot gefärbte mittelgroße Äpfel von sehr aromatischem süß-würzigem Geschmack; nur für gute, nicht zu raue Lagen
- 'Elstar' – neue Züchtung; rotbackige Früchte von sehr aromatischem süß-säuerlichem Geschmack
- 'James Grieve' – hellgrüne Früchte mit roten Streifen, saftig-würziger Geschmack
- 'Ontario' – grün-gelbe, blaurot geflammte Früchte, fein-säuerlicher Geschmack
- 'Schweizer Orangenapfel' – kleine dunkelrote Äpfel, die süß-säuerlich schmecken
- 'Weißer Winterglockenapfel' – glockenförmige, grün-gelblich gefärbte Früchte mit frisch-säuerlichem Geschmack.

Die Auswahl an altbewährten Apfelsorten ist sehr groß. Wählen Sie für den kleinen Garten eine Züchtung, deren Geschmack Ihnen besonders zusagt. Hier kommt es ja nicht auf große Ernten für den Wintervorrat an, sondern auf köstliche Früchte, die Sie frisch vom Baum genießen möchten.
Den geringsten Platz beanspruchen die neuen **Ballerina-Züchtungen.** Diese Bäumchen werden nur 30 cm breit und wachsen wie schlanke Säulen bis zu einer Höhe von 2,50–4 m hoch. Sie tragen schon ab dem zweiten Jahr und können sogar in großen Kübeln gehalten werden.
Immer noch verbreiten Apfelbäume einen Abglanz vom Paradies im Garten. Sie bezaubern im Frühling mit reicher Blütenpracht, und im Herbst leuchten die reifen Früchte aus ihren Kronen. Schenken Sie sich und Ihren Kindern diese Freuden.

Quitten – ein Traum in Duft und Farbe

Dies ist der ideale Hausbaum für einen Garten, der nur für ein einziges kleines Obstgehölz Platz bietet. Quitten werden meist als zierliche Buschbäumchen, die nur 2–3 m Höhe erreichen, angeboten. Sie lieben einen nicht zu schweren Boden und einen sonnigen, geschützten Standort. Sonst sind sie nicht anspruchsvoll und als Selbstbestäuber auch unkomplizierte »Singles«.
Quittenbäumchen sind eine wahre Zierde für den Garten. Da sie erst im späten Frühling blühen, ist ihre wunderschöne rosa Blüte nicht durch Frost gefährdet. Die goldgelben Früchte leuchten weithin und verströmen im Herbst einen feinen, süßen Duft. Quitten können Sie nicht roh essen, sie werden geschält und gedünstet oder zu köstlichem Quittengelee verarbeitet.
Es gibt **Apfel-** und **Birnenquitten.** Besonders empfehlenswert für einen kleinen Garten ist die 'Constantinopeler' Apfelquitte. Sie ist robust und trägt schon früh große wulstige Früchte, die sehr saftig und aromatisch sind. Legen Sie frisch geerntete Quitten in eine Schale – sie erfüllen den ganzen Raum mit ihrem wunderbaren Duft.

Pflaumen und Zwetschen reifen überall

Pflaumen oder Zwetschen gehören zu den unkompliziertesten Bäumen für den kleinen Hausgarten. Ihre Stämme wachsen nicht allzu hoch, und die Kronen entwickeln sich nicht ausladend breit. Pflaumen brauchen in der Regel einen Partner für die Befruchtung, Zwetschen sind meist selbst fruchtbar, das bedeutet: Es genügt, wenn Sie einen einzelnen Baum pflanzen.

Ein Quittenbäumchen ist mit seinen goldgelben, duftenden Früchten eine Zierde für den Garten.

Die Hauszwetsche (oben) ist seit Jahrhunderten in vielen Landschaften heimisch. Die Sorte 'Königin Victoria' (rechts) stammt aus dem 19. Jahrhundert.

Pflaumen und Zwetschen reifen in rauen Mittelgebirgslagen ebenso wie im milden Weinbauklima. Die Bäume wachsen in jedem normalen Gartenboden; ein sonniger Standort ist aber empfehlenswert, damit sich süße aromatische Früchte entwickeln können. Diese sind in unterschiedlichen Nuancen blau-violett gefärbt.

Es gibt einige Erkennungsmerkmale, an denen Sie diese eng verwandten Obstarten unterscheiden können: Pflaumen sind rundlich geformt und besitzen eine Fruchtnaht. Sie reifen meist früher und eignen sich gut für den frischen Verzehr.

Zwetschen sind länglicher geformt und besitzen ein »spitzes« Ende. Die Früchte haben keine Naht oder Furche, ihre Schale ist wachsartig bereift. Das Fleisch der Zwetschen ist süß und saftig. Sie reifen später und eignen sich auf vielfältige Weise zum Einmachen, Dörren, Backen und für Kompott. Natürlich können Sie sie auch roh genießen.

Empfehlenswerte Sorten

Zu einem kleinen naturgemäßen Garten passt sehr gut die Hauszwetsche. Sie gedeiht seit dem 17. Jahrhundert in Deutschland und ist mit zahlreichen lokalen Varianten gut an die unterschiedlichen Boden- und Klimaverhältnisse angepasst. Hauszwetschen sind selbstfruchtbar und tragen schon früh als junge Bäume. Ihre Früchte reifen spät und besitzen einen würzig-süßen Geschmack. Fragen Sie in der Baumschule nach einer lokalen Sorte, die in Ihrer Gegend gut gedeiht.

Wenn Sie lieber einen Pflaumenbaum pflanzen möchten, können Sie zwischen zwei traditionsreichen Sorten aus dem 19. Jahrhundert wählen: 'Königin Victoria' ist ein kleinkroniger Baum, der reich trägt. Die Früchte zeichnen sind durch honiggelbes, aromatisches Fruchtfleisch aus. Die 'Ontariopflaume' wächst stärker und trägt große rundliche Früchte, die süß-würzig schmecken. Diese Sorte ist selbstfruchtbar.

Pflaumen- und Zwetschenbäume sind unkomplizierte Obstarten für Gärtner, die wenig Platz und nicht viel Zeit für die Pflege haben.

Der kleine Blumengarten

Blütenpracht für Biogärten

Ein harmonischer Biogarten endet nicht im Salatbeet oder unter den Johannisbeersträuchern. Zum Nützlichen gehört ganz natürlich auch das Schöne. So zeigt es uns die Natur, wo unter Bäumen und Sträuchern ein Teppich aus Gräsern, und Blütenpflanzen ausgebreitet ist. Und so war es jahrhundertelang Tradition im Bauerngarten, wo Ringelblumen, Madonnenlilien, Rosen und viele andere Blumen mit ihrer üppigen Blütenpracht die Gemüsebeete umrahmten. Kompost, organische Dünger und Brennnesseljauche sorgen auch bei Stauden und Sommerblumen für gesundes Wachstum. Sogar das Prinzip der Bodenbedeckung lässt sich an manchen Stellen auf den Blumengarten übertragen. Die bunt gemischte Nachbarschaft kommt dem Nützlichen und dem Schönen gleichermaßen zugute. Wichtig ist aber auch das Wohl des Gärtners: Von Nutzpflanzen erntet er Nahrung für den Körper – Blumen schenken Nahrung für die Seele. Das preiswerteste und bunteste Sommergarten-Vergnügen stammt aus kleinen Samentüten. Sie können mit solchen selbst gezogenen Blumen einen ganzen Garten verzaubern. Diese Schönheit ist allerdings vergänglich. Die kurzlebigen Kinder Floras entfalten sich in wenigen Sommerwochen und gehen mit dem ersten Frost zugrunde.

Was wäre ein Biogarten ohne die leuchtenden Sonnen der Ringelblumen? Sie tragen wie viele andere Blütenpflanzen dazu bei, dass aus Nützlichem und Schönem eine lebendige Vielfalt entsteht.

Viele Jahre, oft sogar Jahrzehnte, schmücken dagegen die Stauden einen Garten. Diese ausdauernden Blütenpflanzen stehen in großer Fülle zur Auswahl. Auf den folgenden Seiten finden Sie Beispiele für kurzlebige und langlebige Blumen, die vom Frühling bis zum Herbst Blütenfreuden versprechen. Suchen Sie sich aus, was Sie zum Ausprobieren im eigenen Garten verlockt.

Blumen aus der Tüte

Beetvorbereitung und Aussaat

Im Frühling können Sie von April bis Mai die einjährigen Sommerblumen im Garten aussäen. Dafür eignet sich ein gut vorbereitetes Saatbeet oder ein Frühbeet. Einige empfindliche Arten zieht man besser auf einer warmen Fensterbank oder im Kleingewächshaus vor.
Die Erde des Saatbeetes muss locker und feinkrümelig sein. Im Herbst oder zeitig im Frühling sollte es mit Kompost versorgt werden. Sobald der Boden sich genügend erwärmt hat, säen Sie die verschiedenen Sommerblumen in Reihen auf dem Beet aus. Namensschilder oder auch die bunten Samentütchen dienen als Kennzeichen, damit Sie später noch wissen, welche Blumen dort wachsen. Decken Sie die Reihen dünn mit Erde oder reifem Kompost zu. Die Körner sollten nicht zu dicht liegen, sonst finden die jungen Pflanzen keinen Platz, um sich kräftig zu entwickeln. Zu eng stehende Keimlinge müssen später ausgelichtet werden. Sehr wichtig ist es, dass das Saatbeet regelmäßig feucht gehalten wird. In sehr warmen

und trockenen Frühlingswochen hilft ein alter Jutesack, der feucht über das Saatgut gelegt wird. Auch ein modernes Vlies erfüllt diesen Zweck. Sobald die Keimblätter durchdringen, kann dieser Schutz wieder entfernt werden. Einige robuste Sommerblumen können auch direkt an Ort und Stelle breitwürfig ausgesät werden. Dazu gehören zum Beispiel Ringelblumen und Kornblumen. Beachten Sie immer auch die Hinweise auf der Rückseite der Samentüten. Dort finden Sie wichtige Angaben über die Pflanzabstände, die Wuchshöhe und die Blütezeit.

Die besten Plätze für kurzlebige Sommerschönheiten

In der zweiten Maihälfte, wenn die Pflanzen kräftig genug entwickelt sind, können Sie die Sommerblumen einzeln auf die vorgesehenen Plätze im Garten versetzen. Halten Sie zwischen den Pflanzen genügend Abstand ein, damit sie sich reich verzweigen können. Einjährige Sommerblumen können Lücken im Staudenbeet füllen oder ganze Rabatten bilden. Sie gedeihen vor Ziersträuchern und am Rand des Gemüsegartens. Immer brauchen Sie aber einen sonnigen Platz. Im Schatten und unter beengten Verhältnissen entwickeln die einjährigen Schönheiten niemals ihre bunte Fülle.
Achten Sie beim Verpflanzen auch darauf, dass die unterschiedlichen Wuchshöhen aufeinander abgestimmt werden. Mit den leuchtenden Blütenfarben der Sommerblumen kann ein geschickter Gärtner wie ein Maler arbeiten. Wo die Farbtöne untereinander harmonieren, da können Gartenbilder von zauberhafter Anmut entstehen.

Die richtige Ernährung

Wenn der Boden mit Kompost und Hornspänen eine Grunddüngung erhalten hat, dann genügen als zusätzliche Ernährung ein bis zwei kräftige Güsse mit Brennnesseljauche während der Hauptwachstumszeit. Mit Flüssignahrung darf aber erst gedüngt werden, wenn die Pflanzen gut angewachsen sind. Sommerblumen sollen möglichst viele Blüten entwickeln. Wenn der Gärtner sie zu üppig ernährt, dann treiben sie zu viele »fette Blätter« und werden blühfaul. Wenn Sie außerdem regelmäßig alle verwelkten Blumen abzupfen, dann haben Sie schon das Wichtigste getan, um eine wochenlange Blütenfülle hervorzulocken.

Einjährige Sommerblumen

Eine kleine Auswahl aus der großen Fülle, die in Samentüten angeboten wird, soll Ihnen den Einstieg in die Bunte Welt der Sommerblumen erleichtern.

Astern blühen in zahlreichen Sorten und Farben den ganzen Sommer bis tief in den Herbst.

Aster
(Callistephus chinensis)

Astern gehören zum sommerlichen Gartenbild. Es sind wunderschöne Beet- und Schnittblumen, die von Juli bis zum späten Herbst blühen. Das Farbenspektrum reicht von Weiß über Rosa und Weinrot bis zu hellen und dunklen Violettönen. Es gibt hohe und niedrige Sorten. Pflanzen Sie sie mit 15–25 cm Abstand. Je nach Sorte wachsen die buschig verzweigten Astern 30–70 cm hoch. Die ungefüllten Sorten sind unter dem Namen **Margareten-Astern** im Handel. Die 'Stella'-Mischung ist widerstandsfähig gegen die Asternwelke. **Straußenfedern-Astern**, **Strahlenastern**, **Herzoginastern** und **Pompon-Astern** gehören zu den traditionsreichen dicht gefüllten Sommerastern. Außerdem gibt es noch niedrige Zwergastern. Von allen Gruppen werden farbenfrohe Mischungen angeboten. Im Handel können Sie auch vorgezogene Pflanzen kaufen, die aber meist keine Sortenbezeichnung haben.
Tipp: Achten Sie beim Kauf auf Sorten, die widerstandsfähig gegen die Asternwelke sind!

Jungfer im Grünen
(Nigella damascena)

So heißt eine zarte Sommerblume, mit der Sie überall Beetlücken füllen können. Die himmelblauen Blütensterne sind von feingefiedertem Laub umgeben. Es gibt auch rosa und weiße Variationen.
Säen Sie die hübsche »Jungfer«, die man auch »**Braut im Haar**« oder »**Gretel im Busch**« nennt, breitwürfig aus. Später lichten Sie die Pflanzen auf 15 cm Abstand aus. Die Blumen erreichen 30–50 cm Höhe. Sie blühen von Juni bis Oktober. 'Miss Jekyll' ist eine himmelblaue Züchtung. Außerdem gibt es Farbmischungen.

Blütensterne zwischen zartgefiedertem Laub sind das Erkennungszeichen der Jungfer im Grünen.

Tipp: Die großen aparten Samenstände eignen sich gut für Trockensträuße.

Kornblume
(Centaurea cyanus)

Kornblumen wachsen nicht nur am Feldrand. Im Garten gehören sie zu den anspruchslosen ländlichen Schönheiten, die auf dem Beet oder als Schnittblumen in bunten Sommersträußen leuchten. Außer im berühmten Kornblumenblau gibt es sie auch in rosa und weißen Tönen. Säen Sie Kornblumen breitwürfig auf freie Plätze. Später brauchen die Pflanzen 15–25 cm Abstand; sie erreichen 40–80 cm Höhe. Kornblumen blühen von Juli bis September.
Sie passen gut zum naturgemäßen Garten. Meist werden Farbmischungen angeboten. 'Blue Boy' oder 'Blauer Junge' ist eine intensiv blaue Sorte.
Tipp: Streuen Sie ein paar Kornblumenblüten in Ihren sommerlichen Kräutertee.

Löwenmäulchen besitzen die Vitalität alter Bauerngartenpflanzen. Sie blühen monatelang bis zum Frost.

Löwenmäulchen
(Antirrhinum majus)

Löwenmäulchen gehören zu den altbekannten Bauerngartenblumen. Sie halten auch in der Vase sehr lange. Säen Sie Löwenmäulchen sehr frühzeitig aus – am besten ab März im Warmen. Dann können Sie im Mai schon kräftige Pflanzen in den Garten setzen. Sie benötigen 20–25 cm Abstand und erreichen je nach Sorte und Kulturbedingungen 20–90 cm Höhe.
Die zauberhaften samtigen Blüten leuchten von Juni bis Oktober in warmen rosa, roten und gelben Farbtönen. Dazwischen tauchen auch cremeweiße Blumen auf. Meist werden aber Farbmischungen in niedrigen, halbhohen oder hohen Sorten im Handel angeboten.
Tipp: Löwenmäulchen werden von Schnecken verschont!

Ringelblume
(Calendula officinalis)

Sie dürfen in keinem Biogarten fehlen. Man kann sie zwischen den Kräutern ansiedeln oder als Mischkulturenpartner im Gemüsegarten einplanen. Natürlich passen die leuchtenden Sonnen der Ringelblumen auch als »Hingucker« in die Blumenrabatte. Seit Jahrhunderten blühen diese heilkräftigen Blütenpflanzen schon in Kloster- und Bauerngärten. Sie sind sehr anspruchslos und können ab April breitwürfig im Garten ausgesät werden. Wo sie einmal heimisch geworden sind, säen sich die Ringelblumen jedes Jahr von selbst aus. Die kräftigen verzweigten Pflanzen benötigen 25–30 cm Abstand; sie erreichen 30–50 cm Höhe. Ringelblumen blühen von Juni bis zum Frost. In den naturgemäßen Garten passen am besten einfach blühende Mischungen. Schön sind auch gefüllte Züchtungen in leuchtenden Gelb- und Orangetönen wie die 'Pacific'-Mischung oder die niedrige 'Fiesta Gitana'-Mischung.
Tipp: Pflücken Sie Ringelblumenblüten auch für Ihren Tee und als gesunde und dekorative Zutat zum Salat.

Schmuckkörbchen
(Cosmos bipinnatus)

Schmuckkörbchen werden auch **Kosmeen** genannten hoch wachsenden altvertrauten Blumen sind Wahrzeichen des bunten Sommergartens. Säen Sie sie ab April ins Freiland. Die jungen Pflanzen brauchen 30–40 cm Abstand; sie wachsen 100–150 cm hoch. Schmuckkörbchen öffnen zwischen feingefiedertem Laub offene Blütenschalen in rosa, weinroten oder weißen Farbtönen. Diese traditionsreichen Bauerngartenblumen gedeihen problemlos überall und blühen unermüdlich von Juni bis November.
'Sensation' bietet eine Mischung aller Farben. 'Daydream' ist eine neue Züchtung in zarten weiß-rosa Farbtönen.
Tipp: Kosmeen sind bei Schnecken nicht beliebt!

Sommerfuchsie
(Clarkia unguiculata)

Diese bezaubernd altmodische Blumen wurden zu Großmutters Zeiten auch **Mandelröschen** genannt. Säen Sie sie ab März ins Freiland. Die Jungpflanzen werden mit 25 cm Abstand versetzt; sie erreichen 40–60 cm Höhe. Sommerfuchsien blühen von Juni bis September. Sie sind nicht empfindlich und ertragen auch kühle Sommer und lichten Schatten ohne Probleme. Geben Sie ihnen nur wenig Dünger.
Die anmutigen Blüten sind wie dicht gefüllte kleine Röschen geformt. Sie entfalten sich in rosa, roten, lila und weißen Farbtönen. Im Handel sind nur Mischungen aller Farben erhältlich.
Tipp: Die Mandelröschen schenken Ihnen wunderschöne Schnittblumen für romantische Sträuße.

Sonnenblume
(Helianthus annuus)

Sonnenblumen gehören zum Sommergarten wie das leuchtende Gestirn am Himmel, dessen Namen sie tragen. Diese mächtigen hohen Pflanzen brauchen viel Platz und volle Sonne. Am schönsten wirken sie an einem Zaun. Ab April säen Sie die großen Samen im Freiland aus. Die Pflanzen brauchen später 40–60 cm Abstand, damit sie sich kräftig und gut verzweigt entwickeln können. Je nach Sorte erreichen Sonnenblumen 50–300 cm Höhe. Geben Sie ihnen reichlich organischen Dünger und Brennnesseljauche. Sonnenblumen blühen je nach Sorte von Juli bis Oktober in warmen sonnengelben und rotbraunen Farbtönen. Es gibt einfache und gefüllte Sorten. Sie können zwischen zahlreichen Züchtungen in den unterschiedlichsten Farbnuancen wählen. 'Herbstschönheit' enthält eine Mischung aus warmen rotbraunen Herbstfarben. 'Goldener Neger' hat goldgelbe große Blumen mit schwarzer Mitte. 'Teddybär' ist eine niedrige Züchtung mit dicht gefüllten Blüten.
Tipp: Sonnenblumen liefern lange haltbare Schnittblumen. Mit den Kernen können Sie im Winter die Vögel füttern.

Bezaubernd altmodisch wirken die Mandelröschen (unten). Sie eignen sich ebenso wie die Schmuckkörbchen (links) gut für Sommersträuße.

Studentenblume oder Tagetes
(Tagetes)

Studentenblumen sind unentbehrlich im naturgemäßen Garten. Sie werden als schädlingsabwehrende Mischkultur und zur Bodengesundung eingesetzt. Darüber hinaus schenken sie Ihnen auch wunderschöne Farbakzente auf den Beeten mit ihren warmen Gold- und Brauntönen.
Tagetes können ab April im Freiland ausgesät werden. Da sie aber zu den Lieblingsspeisen der Schnecken gehören, ist es sicherer, sie im geschützten Frühbeet oder an einem warmen Platz im Haus vorzuziehen. Sie können blühende Studentenblumen aber auch in vielen Farben und Sorten überall auf dem Markt und in Gartencentern kaufen. Die niedrig wachsenden Pflanzen brauchen 15 cm Abstand, die hoch wachsenden Sorten 30–50 cm. Alle Tagetes verströmen einen strengen Duft; sie blühen unermüdlich von Mai bis November.
Von den vielseitigen Studentenblumen gibt es eine Fülle farbenfroher Züchtungen. **Hohe Sorten** *(T. erecta)* sind zum Beispiel 'Inca yellow' oder 'Inka Gelb' mit großen zitronengelben Blüten, oder 'Orangeprinz' mit tief orangefarbigen Blumenbällen. Zu den niedrigen gefüllten Studentenblumen **(T. patula Nana-Gruppe)** gehören 'Cupido' in Schwefelgelb, 'Carmen' in warmem Rotbraun mit goldgelben Akzenten und 'Mr. Majestic' mit ungefüllten kleinen Blüten, die rotbraun und gelb gestreift sind. Zum naturgemäßen Garten passen besonders gut die alte einfach blühende Züchtung 'Ehrenkreuz', die gelb-braun gefärbt ist, und die zierliche **Mexikanische Tagetes** *(T. tenuifolia)* mit kleinen Blütchen und zart gefiedertem Laub. 'Gnom' blüht üppig in Gelb, 'Pusztazauber' leuchtet in Paprikarot und Gelb.
Tipp: Von allen Tagetes können Sie leicht selber Samen gewinnen.

Ländlichen Charme verbreiten die reichblühenden Bechermalven. Geben Sie ihnen reichlich Platz, damit sie verzweigte Büsche bilden können.

Trichtermalve *(Malope trifida)* und Bechermalve *(Lavatera trimestris)*

Beide sind wunderschöne Sommerblumen mit offenen trichterförmigen Blüten, die wie bei allen Malvengewächsen in den Blattachseln erscheinen. Ab April können Sie die Samen auf einem Beet ausstreuen. Die Jungpflanzen werden später auf 20–30 cm Abstand vorgezogen. Malven erreichen 60–100 cm Höhe. Sie lieben einen guten Boden und volle Sonne. Dann blühen sie reich von Juli bis Oktober in zauberhaften rosa, roten und weißen Farbtönen.
Von beiden Malvenarten werden im Handel vor allem Farbmischungen angeboten. Die Bechermalve 'Silver Cup' entfaltet große seidige Blüten in Reinrosa. 'Mont Blanc' ist ihre weiße Schwester.
Tipp: Malven sind zauberhafte Partner im sommerlichen Blumenbeet. Sie passen zu weiß, blau oder rosa blühenden Stauden ebenso wie zu bunt gemischten Astern oder Bartnelken.

Duftwicken
(Lathyrus odoratus)

Wicken sind Schmetterlingsblütler wie die Erbsen. Sie ranken an Zäunen oder anderen Kletterhilfen hoch. Ihre Blüten verströmen einen feinen süßen Duft. Schon ab März können Sie die großen Samen in die Erde legen – etwa alle 10 cm 2–3 Körner in einer Reihe entlang des Klettergerüstes. Wicken sind Stickstoffsammler, sie müssen aber trotzdem mit Kompost, Hornspänen und etwas Brennnessel-Jauche gedüngt werden. Bei sommerlicher Hitze müssen Sie sie auch gießen. Rankende Wicken wachsen 1,50–3,00 m hoch. Niedrige Züchtungen bleiben 25–40 cm klein. Alle blühen von Juli bis Oktober.
Das Farbenspiel reicht von Weiß über Zartgelb, Rosa und Dunkelrot bis zu lavendelblauen und tief violetten Tönen. Im Handel werden vor allem schöne Mischungen angeboten. Sie können aber auch reine Einzelfarben wählen und miteinander kombinieren.
Tipp: Wickenblüten halten lange in der Vase und erfüllen den ganzen Raum mit ihrem lieblichen Wohlgeruch. Allein dafür lohnt es sich, Wicken auszusäen.

Zinnie
(Zinnia elegans und *Z. angustifolia)*

Zinnien sind Sonnenkinder, die aus Mexiko stammen. Ab März können Sie diese Blumen im Warmen aussäen, ab April auch auf ein Saatbeet im Freiland. Hohe Sorten benötigen beim Verpflanzen 30–40 cm Abstand, bei den zierlichen kleinen Züchtungen reichen 20 cm. Je nach Art und Sorte erreichen Zinnien 20–100 cm Höhe. Sie brauchen Sonne und etwas Brennnessel-Jauche, dann blühen sie von Juni bis Oktober.
Zinnien leuchten in den warmen Sommerfarben Gelb, Orange, Rot und Rostbraun. Es gibt aber auch Rosa- und Lila-Töne. Die Blüten sind meist dicht gefüllt, aber auch die einfachen Sorten haben Charme.
Am schönsten sind die farbenfrohen Mischungen, die im Handel angeboten werden, zum Beispiel die 'Kalifornische Riesen'-Mischung *(Z. elegans)*, die sehr starkwüchsig ist. Zum naturgemäßen Garten passt besonders gut die zierliche 'Perserteppich'-Mischung *(Z. angustifolia)*. Diese Zinnien treiben viele kleine gefüllte Blüten in warmen Farbtönen. 40 cm niedrig bleibt auch die 'Liliput'-Mischung *(Z. elegans)* mit pomponförmigen Blüten.
Tipp: Zinnien locken mit ihren farbenfrohen Blüten viele Schmetterlinge an. Die Blumen sind sehr haltbar, sowohl im Garten als auch in der Vase.

Das feine Farbenspiel der Wicken und ihr lieblicher Duft bezaubern im Garten ebenso wie in der Vase.

Zweijährige Sommerblumen

Etwas langlebiger als die einjährigen Schönheiten sind die zweijährigen Sommerblumen. Sie werden im Sommer von Juni bis Juli ausgesät und im Herbst verpflanzt. Erst im folgenden Jahr beginnen sie zu blühen. Unter den Zweijährigen finden sich viele alte Bauerngartenblumen, die sich sehr harmonisch in den Biogarten einfügen. Wo sie sich wohlfühlen, da blühen manche von ihnen auch mehrere Jahre.

Bartnelke

(Dianthus barbatus)

Bartnelken sind auch unter dem Namen Karthäusernelken bekannt. Sie gehören zum uralten Bestand der Bauerngärten. Säen Sie diese Nelken im Juni oder Juli auf ein Gartenbeet. Im Spätsommer werden die Jungpflanzen mit 20–25 cm Abstand an den endgültigen Standort versetzt. Bartnelken lieben einen sonnigen bis halbschattigen Standort. Im folgenden Jahr erreichen sie 40–50 cm Höhe. Die Blütezeit dauert von Mai bis Juli. Diese zauberhaft altmodischen Blumen verströmen einen starken würzig-süßen Duft. Es gibt einfache und gefüllte Sorten in weißen, rosa und dunkelroten Farbtönen. Dazwischen tauchen zweifarbige Varianten auf. Im Handel werden meist Prachtmischungen angeboten, in einfachen und gefüllten Sorten. Es gibt aber auch einige Farbzüchtungen wie die scharlachrote 'Scharlachkönigin' oder eine einfachblühende Sorte in Rot mit weißem Auge: 'Red and White'.

Tipp: Bartnelken säen sich leicht selber aus. Ihre üppigen Blütendolden sind lange haltbar in der Vase.

Fingerhut

(Digitalis purpurea)

Fingerhüte sind ursprünglich auf Waldlichtungen zu Hause. An hohen Stielen öffnen sich über einen langen Zeitraum die glockenförmigen Blüten. Säen Sie Fingerhüte ab Juni im Freiland aus. Bis Ende September müssen die Jungpflanzen mit 30–40 cm Abstand versetzt werden. Leicht sauren Humus und einen halbschattigen Standort lieben sie besonders. Blühende Pflanzen erreichen von Juni bis Juli 1,20–1,50 m Höhe.

Die heimischen Fingerhüte blühen in weißen, rosa und purpurroten Tönungen. Sie werden meist als Farbmischung angeboten. Neue Züchtungen haben größere Blütenglocken und ein breiteres Farbspektrum, in dem auch cremegelbe, apricotfarbige und rotviolette Töne enthalten sind. 'Mervita' enthält Farben von Cremegelb bis Violett, 'Sutton's Apricot' leuchtet in weichen Pastelltönen.

Tipp: Fingerhüte bringen Waldstimmung in den Garten. Sie passen deshalb sehr gut in naturgemäße Pflanzungen. Vor grünem Hintergrund heben sie sich besonders gut ab. Achtung: Fingerhüte sind giftig!

Traumhafte Stimmungen zaubern Fingerhüte in den Garten. Hier ist es die Sorte 'Gloxiniaeflora' mit dem Prachtstorchenschnabel *(Geranium × magnificum)*.

Goldlack
(Cheiranthus cheiri)

Er ist der Duftstar im Frühlingsgarten. Sie können ihn schon ab Mai im Garten aussäen und später mit 20–25 cm Abstand versetzen. In rauen Lagen braucht der Goldlack etwas Winterschutz. In der Blütezeit – von April bis Juni – erreichen die Pflanzen, je nach Sorte, 30–50 cm Höhe.
Goldlack blüht einfach oder gefüllt in warmen Gelb-, Orange- und Brauntönen. Im Handel werden Farbmischungen in einfachen oder gefüllten hohen Sorten angeboten. Es gibt auch niedrige Züchtungen.
Tipp: Der süße Wohlgeruch des Goldlacks bezaubert im Garten ebenso wie in einem Frühlingsstrauß im Zimmer. Pflanzen Sie ihn auf ein Duftbeet zusammen mit anderen »Nasenschmeichlern«.

Duftender Goldlack und Vergissmeinnicht blühen im Frühling (oben), während die hohen Stockrosen durch den Sommergarten leuchten (unten)

Stockrose
(Alcea rosea)

Diese mächtigen Gewächse leuchten wie der Inbegriff des Sommers durch den Garten. Säen Sie sie frühzeitig von Mai bis Juni an Ort und Stelle aus. Die großen Samen lassen sich leicht dosieren, sodass Sie den nötigen Abstand von 40–50 cm gut einhalten können. Binden Sie die Stockrosen im nächsten Jahr rechtzeitig an, denn sie können zur Blütezeit von Juli bis September 2–3 m Höhe erreichen. Die kraftvollen Riesen unter den Malvengewächsen brauchen nährstoffreichen Boden und zusätzlichen Dünger. Sie wachsen in der Sonne und im lichten Schatten.
Stockrosen blühen einfach oder gefüllt in weißen, zartgelben, rosa oder roten Farbtönen. Auffallend ist eine schwarzrote Sorte. Meist werden Stockrosen in gefüllten Prachtmischungen angeboten. 'Simplex' ist eine ungefüllte Mischung. 'Nigra' und 'Dunkle Schönheit' blühen einfach in einem mystisch wirkenden Schwarz-Rot.
Tipp: Pflanzen Sie Stockrosen am Zaun oder vor einer Wand, wo sie Halt finden und vor Wind geschützt sind. Tipps gegen den Malvenrost finden Sie auf Seite 49–51.

Vergissmeinnicht
(Myosotis sylvatica)

Vergissmeinnicht dürfen Sie einfach nicht vergessen! Sie gehören mit ihrem himmelblauen Blütenteppich in jeden Frühlingsgarten. Säen Sie sie von Juni bis Juli im leichten Schatten aus und halten Sie das Beet immer feucht. Beim Verpflanzen genügen 15 cm Abstand. Vergissmeinnicht blühen im nächsten Mai zusammen mit den schönsten Frühlingsblumen. Sie werden nur 15–30 cm hoch und sind sehr anspruchslos. Sie lieben Feuchtigkeit und kommen sowohl mit sonnigen als auch mit halbschattigen Standorten zurecht.
Außer dem typischen blauen Vergissmeinnicht gibt es auch rosa und weiß blühende Sorten. 'Blauer Korb', 'Blauer Strauß' und 'Blauer Ball' sind besonders leuchtend blaue Züchtungen. Die Sorte 'Rosylva' blüht rosa.
Tipp: Pflanzen Sie blaue Vergissmeinnicht als Teppich oder Beeteinfassung zu gelben Narzissen oder zu Tulpen in weißen und rosa Tönen. Wenn Sie sie nicht zu früh ausreißen, samen sich Vergissmeinnicht jahrelang selber aus.

Dauerhafte Staudenfreuden

Treu und ausdauernd blühen die Stauden in unseren Gärten. Viele Jahre können sie am gleichen Platz aushalten. Im Winter erfrieren die oberirdischen Pflanzenteile meist. Aber im nächsten Frühling treiben die Stauden aus Wurzelballen, Knollen oder Zwiebeln wieder neu aus. In diese abwechslungsreiche Pflanzengruppe gehören die Beet- oder Prachtstauden und die Wildstauden ebenso wie Dahlien, Lilien, Tulpen, Schneeglöckchen, Seerosen, Gräser und Farne.

Beetstauden gehören zum alten Gartenadel

Viele der prächtigen Beetstauden sind seit Jahrhunderten oder gar seit Jahrtausenden in Kultur. Sie wurden in europäischen Klostergärten ebenso liebevoll gepflegt wie in den Parkanlagen persischer Kaiser oder in den Gärten chinesischer Paläste und japanischer Tempel.
Ein abwechslungsreich bepflanztes Staudenbeet kann auch in unseren Gärten zu einem Erlebnis werden, das vom Frühling bis zum späten Herbst immer neue Überraschungen bietet. Von den Prachtstauden gibt es zahlreiche Züchtungen, in denen sich die Eigenschaften der unterschiedlichen Arten in immer neuen Formen und Farben entfalten. Von ganz anderer Art sind die Wildstauden. Sie haben viel von ihrem ursprünglichen Charakter erhalten und bringen eine wildnishafte Anmut in den Garten. Wichtige Vertreter dieser Gruppe sind zum Beispiel die Gräser und die Farne.

Gut vorbereiten – sorgfältig pflanzen

Bereiten Sie ein neues Staudenbeet sehr gründlich vor. Es lohnt sich, jedes Unkraut mit den Wurzeln zu entfernen. Denn später bereitet es viel Ärger, wenn Stauden und Wildkräuter, die an dieser Stelle nicht willkommen sind, unentwirrbar ineinander wachsen.
Mit reichlich Kompost und einem langsam wirkenden organischen Dünger wird der Boden vor der Pflanzung verbessert. Stauden brauchen zwar Nahrung, aber sie dürfen niemals heftig angetrieben werden, sonst bilden sie mehr Blätter als Blüten. Die beste Pflanzzeit für die mehrjährigen Gewächse liegt in den Herbstmonaten von September bis Oktober und in den Frühlingsmonaten von März bis Mai.

Denken Sie beim Verteilen der Jungpflanzen immer daran, welchen Umfang die erwachsenen Stauden haben werden. Danach richtet sich der Abstand. Auch die Höhe der blühenden Pflanzen muss bedacht werden. Die »Riesen«, wie zum Beispiel die Rittersporne, müssen deshalb in den Hintergrund gerückt werden. Im breiten Mittelfeld finden die halbhohen Stauden wie Margeriten und Phlox Platz. Im Vordergrund können sich die kleinwüchsigen Stauden ausbreiten. Die wechselnden Blütezeiten und die Farben müssen ebenfalls geschickt miteinander kombiniert werden. Staudenrabatten oder Beete wirken besonders ausgewogen, wenn mehrere Pflanzen einer Art zusammengesetzt werden. So entstehen immer wieder ruhige Inseln im bunten Blütenmeer.
Für die Pflege des Staudenbeetes ist es wichtig, dass der Boden offen bleibt, damit die Erde gelockert und gedüngt werden kann. Der Gärtner braucht Platz, um Stängel abzuschneiden und um zu gießen. Damit in einem frisch angelegten Beet die Erde nicht entgegen allen naturgemäßen Regeln austrocknet, können Sie in alle Lücken Sommerblumen aussäen. Schon bald schließt sich dann die Pflanzendecke. Im Herbst, wenn die einjährigen Bodendecker ihr kurzes Leben beendet haben, wandern sie auf den Kompost. Das Staudenbeet kann dann wieder bearbeitet werden.
Die folgenden Beispiele zeigen nur eine kleine Auswahl aus dem umfangreichen Sortiment. Es sind vor allem solche Stauden, die in der Tradition alter Bauerngärten wurzeln und die besonders gut zum Biogarten passen. Sie haben den Vorteil, dass die meisten von ihnen lebensstark und unkompliziert sind. Sie gedeihen in jedem Garten. Wenn Sie mit Akeleien und Margeriten Erfahrungen gesammelt haben, können Sie sich später auch auf anspruchsvollere Blütenabenteuer einlassen. Im Anhang finden Sie Staudengärtnereien, die Ihnen die schönsten Arten und Sorten in großer Auswahl anbieten.

Es ist die heiter-bunte Mischung, die den Reiz solcher Bauerngarten-Beete ausmacht. Langlebige Stauden wie der Sonnenhut mit seinen gelben Blüten gedeihen einträchtig neben einjährigen Sommerblumen.

Stauden für viele Gartenjahre

Akeleien
(Aquilegia)

Akeleien sind ein Muss für jeden Biogarten. Ihre Ursprünge reichen weit zurück in die Gartenvergangenheit. Die tiefblau blühende heimische Wildart *(A. vulgaris)* war noch bis vor wenigen Jahrzehnten in unseren Wäldern verbreitet. Jahrhunderte alt sind die Akeleien aus den Bauerngärten, die in Weiß, Rosa, Dunkelrot, Lilablau und Dunkelviolett blühen. Es sind immer noch die gleichen Formen, die schon Albrecht Dürer in seinen Bildern verewigt hat. Hinzu gekommen sind neue Züchtungen *(A. caerulea*-Hybriden), die besonders langspornig und großblumig sind.
Akeleien lieben feuchten Humus. Sie gedeihen gut im lichten Halbschatten, aber auch problemlos in der Sonne. In der Blütezeit von Mai bis Juni erreichen sie 40–60 cm Höhe. Wo sie einmal heimisch geworden sind, da säen sich Akeleien leicht von selbst aus. Versuchen Sie die alten Bauerngartenformen zu bekommen, sie passen am schönsten in einen naturgemäßen Garten. Bezugsquellen für alte Sorten und Wildstauden finden Sie im Anhang.

Arten und Sorten
'Grandmothers Garden' ist eine Mischung alter Bauerngarten-Akeleien in allen Farben. 'Black Barlow' *(A. vulgaris*-Züchtung) bezaubert mit schwarzvioletten gefüllten Blüten; die *A. caerulea*-Hybride 'Kristall' blüht reinweiß.

Tipp: Akeleien sind zauberhafte Schnittblumen. Pflanzen Sie sie zu Tränendem Herz, Glockenblumen und Pfingstrosen – so entsteht eine romantisches Gartenbild wie zu Großmutters Zeiten.

Aster
(Aster dumosus, A.-novae-angliae, A. novi-belgii u.a.)

Astern läuten den Herbst im Garten ein. Die Familie dieser reich blühenden Korbblütler ist sehr vielseitig. Für den Anfang und zum Kennenlernen werden hier die späten Arten vorgestellt, die von September bis Oktober blühen.
Bei den Herbstastern können Sie wählen zwischen niedrigen Kissenastern, die nur 30–50 cm Höhe erreichen, und den hohen Glatt- oder Raublattastern, die mühelos 100–150 cm hoch wachsen. Alle Astern lieben einen sonnigen Standort und nahrhaften durchlässigen Boden. Binden Sie diese stattlichen Astern rechtzeitig hoch, damit sie im Herbst bei Wind oder Regen nicht umfallen. Ältere Exemplare sollten geteilt und neu gepflanzt werden. Alle Astern haben ein reiches Farbenspiel zu bieten, das von weißen über rosa und lila bis zu weinroten und violetten Tönen reicht.

Wer könnte dem Zauber der Akeleien widerstehen? Zum naturgemäßen Garten passen gut die uralten Bauerngarten-Sorten.

Ein Herbsttraum in tiefem Violett – die traditionsreiche hohe Staudenaster 'Schöne von Dietlikon'.

Arten und Sorten

- **Kissenastern** *(Aster dumosus)*
'Herbstgruß vom Bresserhof' – leuchtend rosa; 'Kassel' – karminrot; 'Prof. A. Kippenberg' – alte Sorte in Lavendelblau; 'Kristina' – halbgefüllt in Reinweiß
- **Raublattastern** *(Aster novae-angliae)*
'Alma Pötschke' – leuchtend rosa, bewährte Sorte; 'Rubinschatz' – herrliche alte Foerstersorte, rubinrot. 'Violetta' – purpurviolett
- **Glattblattastern** *(Aster novi-belgii)*
'Schöne von Dietlikon' – dunkel blauviolett; 'Crimson Brocade' – karminrot.

Tipp: Staudenastern sind zur Blütezeit ein Paradies für Schmetterlinge! Glattblattastern sind mehltaugefährdet. Der junge Austrieb ist bei Schnecken beliebt. Pflanzen Sie in rauen Landschaften mit hohen Niederschlägen lieber die robusten Raublattastern.

Chrysantheme

(Dendranthema × grandiflorum,
früher *Chrysanthemum × hortorum)*

Chrysanthemen blühen spät im Herbst. Manchmal leuchten die letzten Blüten noch im Novembernebel. Diese Stauden aus uraltem asiatischem Gartenadel verleihen dem Biogarten das Flair alter Bauerngartenkultur. Chrysanthemen duften unverwechselbar herb nach Vergänglichkeit. Schön und ein wenig schwermütig leiten sie den Abgesang des Gartenjahres ein.
Pflanzen Sie Chrysanthemen an einen sonnigen aber geschützten Platz mit 40–60 cm Abstand. Ein lehmiger, nahrhafter Boden ist ideal. Versorgen Sie diese Stauden mit organischem Dünger und Brennnessel-Jauche. Die ideale Pflanzzeit ist das Frühjahr. Chrysanthemen erreichen, je nach Sorte, eine mittlere Wuchshöhe von 40–80 cm. Sie blühen von September bis November in Weiß, Gelb, bräunlichen Tönungen, Rosa und Rot. In sehr kalten Wintern brauchen Chrysanthemen Frostschutz.

Alte bewährte Sorten

'Kleiner Bernstein' – halbgefüllt, bräunliches Orange; 'Schweizerland' – gefüllt, leuchtend rosa; 'Clara Curtis' – einfach, reinrosa; 'L'Innocence' – einfach, zartrosa; 'Fellbacher Wein' – halbgefüllt, warmes Weinrot; 'Weißer Riese' – halbgefüllt, weiß.

Tipp: Chrysanthemen sind wunderschöne, haltbare Schnittblumen für herbstliche Sträuße. Schützen Sie den jungen Austrieb im Frühling vor den Schnecken!

Iris oder Schwertlilie

(Iris)

Iris hatten in alten Klostergärten einen Platz zwischen den Heilpflanzen. Jahrhundertelang wurde ihre farbenfrohe Schönheit in den Bauerngärten geschätzt. Den Namen

Iris erhielten sie von der Göttin des Regenbogens, weil sie in allen nur erdenklichen Farben blühen. Schwertlilien nannte man sie wegen ihrer steifen, schwertförmigen Blätter. Die beste Pflanzzeit für Iris liegt in den Monaten Juli bis August nach der Blütezeit. Wählen Sie einen sonnigen Platz mit gutem Wasserabzug. Iris vertragen keine Staunässe, der Boden sollte aber humusreich sein. Die dicken fleischigen Rhizome (Wurzelsprosse) der Iris werden flach gepflanzt und höchstens 2–3 cm mit Erde bedeckt. Je nach Art und Sorte blühen die Schwertlilien von Mai bis Juni. Sie wachsen 20–100 cm hoch. Ihr Farbenreichtum ist unbegrenzt – Iris blühen in Weiß, Gelb, Braun, Rosa, Rot Blau und Violett.
Die Fülle prächtiger neuer Züchtungen ist fast unübersehbar. Diese Iris-Germanica-Hybriden werden in niedrige, halbhohe und hohe Gruppen eingeteilt. Daneben gibt es noch die uralte Deutsche Schwertlilie mit ihren hell-lila Blüten und die heilkräftige Florentinische Iris in lila und weiß, die aus Italien stammt. Auch alte Schwertliliensorten aus der Bauerngartentradition werden wieder angeboten. Sie sind sehr widerstandsfähig und passen besonders gut in den Biogarten. Bezugsquellen finden Sie im Anhang.
Alte Arten:
Deutsche Schwertlilie *(I. germanica* var. *germanica)* – blasslila, robust und reichblühend;
Florentinische Iris *(I. germanica* 'Florentina') – blasslila oder weiß, heilkräftige Wurzeln (die Veilchen- oder Zahnwurzel wird heute noch kleinen Kindern beim Zahnen zum Kauen gegeben);
Alte Sorten:
'Rheintraube' – lavendelblau und dunkelblau; 'Rheingauperle' – lila-rosa, Hängeblätter mit hellen Adern; 'Wabash' – weißer Dom, purpurviolette Hängeblätter mit weißem Rand; 'Kupferhammer' – warmes Goldgelb und Rotbraun, mittelhoch.

Alte Irissorten wie die kontrastreiche 'Wabash' sind robust und gesund. Sie bilden üppige Horste.

Neue Züchtungen:
Niedrige Sorten *(Iris*-Barbata-Nana-Gruppe): 'Cyanea' – violettblau; 'Little Rosy Wings' – rubinrot; 'Brassie' – goldgelb.
Mittelhohe und hohe Sorten *(Iris*-Barbata-Media- und Barbata-Elatior-Gruppe): 'Ola Kala' – sattes Goldgelb; 'Toelleturm' – schneeweiß und tief-violett; 'Cliffs of Dover' – reinweiß; 'Fuchsjagd' – fuchsrot; 'Night Owl' – schwarz-blau; 'Pink Satin' – rosa.

Lupine

(Lupinus)

Lupinen sind prachtvolle unkomplizierte Frühsommerblüher. Pflanzen Sie sie mit 50 cm Abstand, damit sich kräftige Büsche entwickeln können. Diese Stauden wachsen in der Sonne und im lichten Halbschatten. Sie lieben humusreiche, möglichst etwas

saure Erde. Da sie zu den Stickstoffsammlern gehören, werden sie nicht stark gedüngt. Geben Sie ihnen Kompost. Zur Blütezeit von Mai bis Juli erreichen die Lupinen 80–120 cm Höhe. Die herrlichen Blütenkerzen leuchten in weißen, rosa, roten, gelben und blau-violetten Farbtönen. Oft sind sie zweifarbig. Wenn Sie die großen Samenkörner selber ernten und aussäen, erhalten Sie überraschende neue Farbmischungen.
Sorten:
'Schloßfrau' – rosa-weiß; 'Kronleuchter' – gelbe Farbtöne; 'Kastellan' – blau.
Tipp: Lupinen sind herrliche Schnittblumen. Wenn Sie verblühte Stauden rechtzeitig zurückschneiden, gibt es im Herbst eine Nachblüte.

Margerite
(Leucanthemum maximum)

Margeriten sind Leuchtpunkte im Sommergarten. Die ungefüllten Sorten erinnern immer noch an die wuchernden wilden Wiesenmargeriten. Pflanzen Sie diese robusten Stauden mit 50 cm Abstand an einen sonnigen Platz. Sie gedeihen in jedem Garten, am besten aber in einem humusreichen, guten Boden. Geben Sie ihnen Kompost und Brennnessel-Jauche. Die Blütezeit liegt im Hochsommer in den Monaten Juli bis August. Je nach Sorte wachsen Margeriten 50–100 cm hoch. Ihre Farbe ist ein reines Weiß. Es gibt einfache und gefüllte Sorten.
Sorten:
'Gruppenstolz' – bewährte Sorte, einfache weiße Blüten; 'Christine Hagemann' – locker gefüllte Blüten; 'Wirral Supreme' – klassische Sorte mit dichtgefüllten Blumen.
Tipp: Das klare Weiß der Margeriten wirkt besänftigend zwischen allzu starken Farbtönen im Staudenbeet. Alle Margeriten sind haltbare Schnittblumen.

Türkenmohn
(Papaver orientale)

Die Mohnblüte entfaltet orientalische Pracht und Üppigkeit im Garten. Dem Zauber der großen seidigen Blütenkelche kann sich niemand entziehen. Der Türkenmohn liebt einen Platz in der vollen Sonne und nahrhaften, lockeren Boden, in den seine lange Pfahlwurzeln leicht eindringen können. Pflanzen Sie mit 40–50 cm Abstand. Die Blütezeit liegt in den Monaten Mai bis Juni. Je nach Sorte erreicht der Mohn 60–90 cm Höhe. Nach der Blüte ziehen die Pflanzen ein.
Sorten:
'Türkenlouis' – leuchtend rot, gefranste Blütenblätter; 'Perry's White' – schneeweiß mit dunklen Flecken im Kelchgrund, bewährte Sorte; 'Helen von Stein' – feines Altrosa, gewellte Blütenblätter; 'Patty's Plum' – apartes Pflaumenlila, eine neue englische Sorte.
Tipp: Der junge Austrieb ist durch Schnecken gefährdet! Kombinieren Sie den prächtigen Mohn mit Rittersporn und Margeriten.

'Princess Victoria' ist eine von vielen Mohnzüchtungen, deren seidige Blütenkelche zum Verlieben schön sind.

Pfingstrose

(Paeonia officinalis und *P. lactiflora)*

Pfingstrosen sind uralte Kulturpflanzen. Die Bauernpfingstrose mit den dicken weinroten Blütenbällen ist bei uns seit Jahrhunderten heimisch. Die vielen prachtvollen Züchtungen stammen dagegen von der Chinesischen Pfingstrose ab. Von ihnen gibt es gefüllte und einfache Sorten. Pfingstrosen lieben die Sonne und möchten in einem nährstoffreichen, feuchten Boden wachsen. Für reichlich Kompost und Dünger sind sie dankbar. Wichtig ist, dass Sie die fleischigen Wurzeln nicht zu tief pflanzen. Der Vegetationspunkt darf höchstens 3 cm mit Erde bedeckt sein! Geben Sie diesen Stauden einen Platz, an dem sie viele Jahre ungestört wachsen dürfen. Der Abstand sollte 100 cm betragen. Pfingstrosen blühen von Mai bis Juni; sie werden je nach Sorte 60–80 cm hoch. Die beste Pflanzzeit für Pfingstrosen liegt im frühen Herbst.

Zum naturgemäßen Garten passen natürlich besonders gut die alten Bauerngarten-Pfingstrosen. Aber der Schönheit der Chinesischen Paeonien kann sich auch ein Biogärtner nicht entziehen. Viele berühmte Züchtungen stammen noch aus dem 19. Jahrhundert oder aus der ersten Hälfte des 20. Jahrhunderts. Sie blühen in weißen, rosa und roten Farben.

Arten und Sorten:

Bauernpfingstrosen *(P. officinalis)*
'Rubra Plena' – dunkelrot, gefüllt; 'Alba Plena' – weiß, gefüllt.

Chinesische Pfingstrosen *(P. lactiflora)*
'Avantgarde' (1907) – einfache pfirsichrosa Blüten mit gelber Mitte; 'Festiva Maxima' (1851) – reinweiß mit roten Flecken, gefüllt und duftend; 'Jeanne D'Arc' (1858) – gefüllte rosa Blütenbälle mit cremegelber Mitte; 'Lotus Queen' (1947) – große einfache Blütenschalen in Weiß mit gelber Mitte, zarter Duft; 'Sarah Bernhardt' (1906) – rosenrosa, gefüllt und duftend.

Tipp: Die ungefüllten Sorten mit ihren offenen Schalenblüten und den goldgelben Staubgefäßen sind ein Tummelplatz für hungrige Insekten! Stützen Sie die Pfingstrosen rechtzeitig, damit die schweren Blüten bei Regen nicht zu Boden gedrückt werden.

Zu den Chinesischen Pfingstrosen zählt die berühmte alte Züchtung 'Sarah Bernhardt'. Die dicht gefüllten Blüten duften lieblich.

Phlox

(Phlox paniculata und *P. maculata)*

Phlox duftet süß durch warme Sommerabende. Seine üppige Blütenfülle bereichert auch den kleinen Garten viele Wochen lang. Pflanzen Sie diese Stauden, die den Zauber ländlicher Tradition verbreiten, mit 50–80 cm Abstand an einen sonnigen Platz oder in den lichten Schatten. Phlox liebt nahrhaften, durchlässigen Humus. Versorgen Sie ihn mit Kompost, Hornspänen und Brennnessel-Jauche. Die Stauden wachsen 70–100 cm hoch. Wenn Sie frühe und späte Sorten kombinieren, kann die Blütezeit von Juli bis September dauern. Das Farbenspiel reicht von Weiß über Rosa und Rot bis zu Lila und dunklem Violett. Phloxstauden können bei guter Pflege sehr alt werden. Sie schenken Ihnen auch wunderschöne Schnittblumen für den Sommerstrauß. *Phlox paniculata* ist der klassische Bauerngarten-Phlox. Die schönsten Sorten stammen von dem berühmten Staudenzüchter Karl Foerster. *Phlox maculata,* der Wiesenphlox, passt mit seinen länglichen, pyramidenförmigen Blütenrispen besonders gut in naturnahe Pflanzungen.

Arten und Sorten:

Wiesenphlox *(P. maculata)*

'Alpha' – alte Sorte mit lilarosa langen Blütenrispen; 'Omega' – weiße Blüte mit dunkelrosa Auge; 'Rosalinde' – karminrosa mit dunklem Auge

Bauerngarten-Phlox *(P. paniculata)*

'Kirmesländler' – weiß mit rotem Auge, spät, Foerster-Züchtung; 'Dorffreunde' – kräftiges Rosa mit rotem Auge, spät, Foerster-Züchtung; 'Pastorale' – warmes Rosa, mittelfrüh, Foerster-Züchtung; 'Württembergia' – dunkelrosa, mittelfrüh, alte Landsorte; 'Düsterlohe' – dunkelviolett, früh, Foerster-Züchtung; 'Wilhelm Kesselring' – hellviolett mit weißem Auge, früh, traditionsreiche Sorte; 'Pax' – reinweiß, spät.

Tipp: Vorbeugend gegen die weit verbreiteten Stängelälchen wirkt vor allem ausgewogene Ernährung. Schneiden Sie kranke Stängel sofort tief am Boden ab. In trockenen Sommerwochen muss Phlox reichlich gewässert werden.

Rittersporn

(Delphinium-Hybriden)

Rittersporn holt Ihnen das Blaue vom Himmel in den Garten. Die hohen Blütentürme dieser prachtvollen Stauden bilden den strahlenden Höhepunkt der Frühsommerblüte im Garten. Die wunderbaren intensiven Blautöne leuchten magisch über allen Gefährten im Staudenbeet.

Eine beliebte Phloxsorte ist die traditionsreiche Foerster-Züchtung 'Kirmesländler'.

Um eine solche Blütenpracht entfalten zu können, braucht der Rittersporn einen gut vorbereiteten nahrhaften Boden. Düngen Sie mit Kompost, einem gehaltvollen organischen Mischdünger und Brennnessel-Jauche. Setzen Sie die jungen Pflanzen – am besten im Frühling – an einen sonnigen Platz mit 40–50 cm Abstand. Während der Blüte erreichen Rittersporne, je nach Sorte, die stattliche Höhe von 70–180 cm.

Vom hellsten Blau bis zum nachtdunklen Violett reicht die Farbskala. Es gibt auch weiße Sorten. Neue Züchtungen enthalten sogar rosa Töne.

Rittersporne werden in drei wichtige Gruppen unterteilt: Die Belladonna-Hybriden sind niedriger und zierlicher; die Elatum-Hybriden bilden die hoch wachsende Gruppe mit dichten Blütenrispen an langen Stielen. Die Pacific-Hybriden stammen aus Amerika, ihre großen Blüten sind gefüllt. Der »Vater der Rittersporne« ist der große Staudenzüchter Karl Foerster. Seine hervorragenden Sorten

Rittersporne leuchten in starken Blautönen. Die zierliche Sorte 'Piccolo' eignet sich für kleine Gärten.

mit den klangvollen Namen sind immer noch die Stars im blauen Blütenmeer.
Arten und Sorten:
Belladonna-Hybriden
'Kleine Nachtmusik' – dunkellila, 80 cm, Foerster-Züchtung, gut für kleine Gärten; 'Piccolo' – leuchtend enzianblau, 80–100 cm, gut für kleine Gärten
Elatum-Hybriden
'Berghimmel' – himmelblau mit weißem Auge, 170 cm, Foerster-Züchtung; 'Finsteraarhorn' – tief enzianblau mit dunklem Auge, 170 cm, Foerster-Züchtung; 'Jubelruf' – strahlendes Mittelblau, 180 cm, Foerster-Züchtung; 'Perlmutterbaum' – Hellblau mit Zartrosa, 180 cm, Foerster-Züchtung; 'Tempelgong' – Nachtblau mit Purpur, 180 cm, Foerster-Züchtung.
Pacific-Hybriden
'Astolat' – lilarosa, 180 cm; 'King Arthur' – dunkelviolett mit schwarzem Auge, 180 cm; 'Galahad' – weiß, 180 cm.

Tipp: Rittersporn ist leider auch bei den Schnecken beliebt. Schützen Sie vor allem den jungen Austrieb. Wenn Sie die Stauden nach der Blüte auf 10–20 cm zurückschneiden, treiben sie noch einmal durch und schenken Ihnen eine herbstliche Nachblüte.

Tränendes Herz
(Dicentra spectabilis)

Das Tränende Herz ist eine bezaubernd altmodische Staude aus Großmutters Bauerngarten. Wie kleine rosa Herzen sind die Blüten an gebogenen Stielen aufgereiht. Wo es den richtigen Platz gefunden hat, da kann dieses nostalgische Schmuckstück alt und üppig werden.
Pflanzen Sie das Tränende Herz in den lichten Schatten, wo der Boden feucht und humusreich ist. Planen Sie dabei 40–50 cm Abstand ein, weil die Stauden mit der Zeit

Das Tränende Herz blüht seit Jahrhunderten unverändert in Rosa und Weiß.

breite Büsche bilden. Zur Blütezeit im Mai wachsen sie 50–70 cm hoch. Das Tränende Herz blüht rosarot oder weiß.

Arten und Sorten:

Das **Tränende Herz** *(D. spectabilis)* ist eine einzigartige Erscheinung, es gibt keine Züchtungen; 'Alba' ist eine weißblühende Variation.

Die **Zwerg-Herzblume** *(D. eximia)* treibt kleine rosarote Herzblüten über zierlich gefiedertem Laub. Sie wird nur 30 cm hoch und blüht lange Zeit von Mai bis Juli. 'Alba' ist eine weiß blühende Form.

Tipp: Im Sommer zieht sich das Tränende Herz in die Erde zurück. Die Blätter sterben ab. Dann entsteht eine leere Stelle im Beet, die Sie mit Sommerblumen füllen können. Gehen Sie vorsichtig mit der zarten Großmutterstaude um: Stängel und Wurzeln sind sehr zerbrechlich!

Wer denkt beim Anblick der farbenfrohen Dahlien am Gartenzaun noch daran, dass diese Blumen einst aus Mexiko einwanderten?

Dahlie

(Dahlia-Hybriden)

Dahlien leuchten über den Zaun, als wären sie schon immer im Bauerngarten zu Hause gewesen. Man sieht es ihnen nicht mehr an, dass sie aus Mittelamerika zu uns eingewandert sind. Aus den ursprünglichen Wildformen hat sich längst eine Fülle dekorativer Züchtungen entwickelt. Dahlien gehören zwar zu den langlebigen Stauden, aber sie sind nicht winterhart. Daran erkennt man noch, dass sie Kinder aus einem warmen Land sind.

Pflanzen Sie die fleischigen Dahlienknollen erst ab Mitte Mai, damit die frostempfindlichen Triebe keine Schäden erleiden. Wählen Sie einen sonnigen Platz und halten Sie je nach Sorte 30–70 cm Abstand ein. Die Dahlien lieben einen nährstoffreichen, lockeren Boden. Verwöhnen Sie sie mit Kompost und organischem Dünger, damit sie genügend Kraft haben, ihre üppige, lang anhaltende Blütenfülle zu entwickeln. Je

Geben Sie der historischen Dahlie 'Bishop of Llandaff' eine neue Heimat in Ihrem Garten.

nach Sorte erreichen diese »Blumen der Azteken« 30–170 cm Höhe. Die Blütezeit dauert von Juli bis Oktober. Dahlien blühen in allen Farben des Spektrums, nur blaue Töne fehlen.
Nach dem ersten Frost werden die Dahlienknollen ausgegraben und im Keller in Kisten mit feuchtem Sand eingeschlagen.
Aus dem großen Farben- und Formenreichtum der Dahlien hier eine kleine »Schnupper-Auswahl«. Die Zahl der Züchtungen ist riesengroß. Bezugsquellen finden Sie im Anhang.

Dahlien-Gruppen:

- **Kaktus-Dahlien** haben große elegante Blüten, deren Blütenblätter schmal und spitz auslaufen; 80–170 cm hoch.
- **Dekorative Dahlien** nannte man früher Schmuckdahlien. Dies ist die prachtvollste Gruppe mit den größten Blüten. Ihre Form ist rundlich und üppig gefüllt; Höhe bis 170 cm.
- **Einfachblühende Dahlien**, früher Mignondahlien genannt, bleiben 30 cm niedrig und öffnen zahlreiche rundliche, ungefüllte Blüten.
- **Pompon- und Ball-Dahlien** strahlen einen altmodischen Charme aus. Ihre dicht gefüllten Blüten gleichen runden Kugeln; Höhe 90–100 cm.

Alte historische Sorte:
Einige wenige alte Züchtungen werden wieder angeboten. Am weitesten verbreitet ist 'Bishop of Llandaff'. Die Pflanzen besitzen auffallend dunkles Laub und tiefrote Blüten, die leicht gefüllt sind. Höhe 90–100 cm. Diese altehrwürdige, farbenprächtige Sorte passt sehr gut in den bäuerlichen Biogarten.
Tipp: Dahlientriebe gehören zu den Lieblingsspeisen der Schnecken. Wenn Sie sie in großen Töpfen vortreiben, gehen Sie der größten Gefahr aus dem Weg. Außerdem können Sie sich an früher Blüte erfreuen.

Die zierlichen 'Butterfly'-Gladiolen fügen sich besonders gut in naturgemäße Pflanzungen ein.

Gladiolen
(Gladiolus-Hybriden)

Gladiolen liefern Prachtblüten für die Hochsommerrabatte oder für ein Schnittblumenbeet. In ländlichen Gärten waren diese unkomplizierten Stauden, die aus Knollen wachsen, immer sehr beliebt. Setzen Sie die flachen Knollen möglichst ab April mit 10–20 cm Abstand 10 cm tief in humusreichen möglichst etwas sandigen Boden. Gladiolen lieben die Sonne, sind aber sonst nicht besonders anspruchsvoll. Je nach Sorte werden diese Sommerblumen 60–120 cm hoch. Sie blühen von Juli bis September in fast allen Farbtönen. Nur das blaue Spektrum fehlt. Im Herbst müssen Sie die Knollen ausgraben und trocken im Haus überwintern.

Arten und Sorten:

- **Hohe Prachtgladiolen** werden in zahlreichen Züchtungen in fast unerschöpflichen Farbvariationen angeboten.
- **Babygladiolen** *(G. nanus* u.a.) sind zierliche Verwandte der Prachtgladiolen. Sie blühen schon früher von Juni bis Juli und werden nur 40–60 cm hoch. Ihre anmutigen Blüten passen gut in naturnahe Gärten, die nicht mit »Glanz und Gloria« prunken möchten. Die Kultur ist die gleiche wie bei den großen Gladiolen. Empfehlenswerte Sorten sind 'Prins Claus' – weiß mit karminroten Flecken und 'Charming Beauty' *(G. tubergenii)* – rosa mit weißer Lippe.
- **Wildgladiolen** sind bei uns heimisch. Die **Gemeine Siegwurz** *(G. communis* subsp. *communis)* blüht rosaviolett, sie ist winterhart und wirkt schön in naturnahen Pflanzungen.

Tipp: Die hohen blütenschweren Stiele der Prachtgladiolen binden Sie am besten an einem Stab fest. Alle Gladiolen sind haltbare Schnittblumen.

Madonnenlilie

(Lilium candidum)

Sie ist der Inbegriff des alten Kloster- und Bauerngartens. Fast unverändert blühte die Madonnenlilie durch die Jahrhunderte.
Es gibt keine Zuchtformen von dieser Lilie. Ihre makellos weißen, trichterförmigen Blüten, blieben sich immer gleich. Ihr süßer, schwerer Duft scheint aus alten Zeiten in unsere Gärten zu wehen.
Schenken Sie diesen ebenso kostbaren wie einfachen Lilien, die früher in herrlicher Fülle in den ländlichen Gärten blühten, ein neues Zuhause. Die großen Zwiebeln müssen schon frühzeitig im August, spätestens im September, gepflanzt werden. Sie dürfen nur 3 cm hoch mit Erde bedeckt sein. Setzen Sie mindestens drei Zwiebeln in einer Gruppe. Der Standort sollte sonnig sein. Alle Lilien lieben einen guten, durchlässigen Humus und gleichmäßige Feuchtigkeit. Stauende Nässe ist dagegen schädlich, sie lässt die Zwiebeln faulen. Madonnenlilien erreichen stattliche 1,20–1,50 m Höhe. Sie blühen von Juni bis Juli.
Diese uralten Lilien ziehen nicht gerne um. Wählen Sie den Standort so, dass sie dort lange ungestört wachsen können. Madonnenlilien werden im Handel nicht mehr überall angeboten. Bezugsquellen finden Sie im Anhang.
Tipp: Schützen Sie den jungen Austrieb vor Schnecken und die Zwiebeln vor Wühlmäusen.

Madonnenlilien sind uralte Wahrzeichen der Kloster- und Bauerngarten-Tradition. Schenken Sie ihnen eine neue Heimat in Ihrem Biogarten!

Rosenträume werden wahr

Einen Sommer ohne Rosen kann sich kein Gärtner vorstellen. Seit Jahrtausenden öffnen diese wunderbaren kleinen Sträucher ihre duftenden Blüten – Jahr für Jahr unermüdlich und voller Vertrauen in einen neuen Sommertag.
So hielten sie es schon lange vor der Zeitenwende in den Gärten der chinesischen Kaiserreiche. So eroberten Rosen die Täler des Himalaya und die Gärten der alten Perser. Sie waren Gäste in den Innenhöfen der antiken Römervillen, sie schmückten die Klostergärten des Mittelalters und die Bilder der Madonna. Unzählige Liebende haben sie verschenkt, unzählige Dichter haben sie besungen, unzählige Gärtner haben sie geliebt und gehegt. Wozu noch Worte – pflanzen Sie Rosen in Ihren Garten!

Vorbereitungen für ein glückliches Rosenleben

Bevor die Königin der Blumen in Ihren Garten einziehen kann, müssen Sie aber einige praktische Voraussetzungen erfüllen. Suchen Sie zuerst einen guten Platz aus: Rosen wollen sich frei in der Sonne entfalten. Im Schatten und in beengten Verhältnissen wachsen sie kümmerlich und werden bald krank. In lockerem, humosem Lehmboden wurzeln diese Blütensträucher am liebsten. Hat Ihr Garten nur leichten Sandboden zu bieten, dann müssen Sie ihn mit reichlich Kompost und Steinmehl verbessern. Undurchlässige, schwere Tonböden können Sie mit Sand und Kompost auflockern.

Pflanzen und Düngen

Die besten Pflanzzeiten liegen im Herbst von Oktober bis November und im Frühling von März bis April. Ein trüber, feuchter Tag erleichtert den Pflanzen das Anwachsen. Heiße Sonnentage verursachen zusätzlichen Stress. Ein Umzug ist – auch für Rosen – schon anstrengend genug.
Heben Sie die Pflanzgrube so tief und breit aus, dass Sie noch reichlich reifen Kompost als »Startkapital« für gesundes Wachstum einfüllen können. Die Wurzeln der Rosen sollen sich bequem ausbreiten können, und die dicke Veredelungsstelle muss auf jeden Fall 3 cm unter der Erdoberfläche liegen. Wichtig ist auch, dass die Pflanzstelle gut gelockert ist, damit keine stauende Nässe entstehen kann. Stellen Sie Ihre Rosen vor der Pflanzung in

Vor der Pflanzung werden die Wurzeln der Rosen etwas eingekürzt. Schneiden Sie auch verletzte und vertrocknete Wurzeln ab.

Die Pflanzgrube muss so groß sein, dass sich die Wurzeln bequem ausbreiten können. Ein wenig Steinmehl verbessert den Boden.

einen Eimer voll Wasser. Dort sollen sie sich ein paar Stunden lang mit Flüssigkeit voll saugen. Dann werden die Wurzeln um etwa ein Drittel eingekürzt. Bei der Herbstpflanzung beschneiden Sie die oberirdischen Triebe nur leicht. Alle trockenen Stellen werden entfernt. Der eigentliche Schnitt erfolgt erst im Frühling.
Füllen Sie die Pflanzgrube zum Schluss mit der ausgehobenen Erde, die mit gutem Kompost vermischt wird. Treten Sie den Humus vorsichtig etwas fest, damit die Wurzeln engen Kontakt zum Erdreich finden. Dann wird kräftig angegossen.
Gedüngt werden die Rosen erst, wenn sie gut angewachsen sind und die Nahrung verarbeiten können. Verrotteter Rindermist ist der ideale Rosendünger. Leider bekommt man ihn nur noch selten. Aber auch getrockneter Rinderdung, Hornspäne, Trester-Produkte und organische Rosenspezialdünger, die im Handel angeboten werden, eignen sich als gehaltvolle Rosennahrung.

Schneiden

Die neu gepflanzten Rosen werden im Frühling ab März auf ein Drittel ihrer ursprünglichen Höhe zurückgeschnitten.
Für alle anderen gilt: Schneiden Sie nicht zu radikal. Nur die modernen, öfterblühenden Beetrosen werden etwas kräftiger eingekürzt, damit sie am neuen Holz viele Blüten entwickeln.
Strauch- und Kletterrosen werden nicht zurückgeschnitten. Hier entfernen Sie nur totes, trockenes Holz und nach innenwachsende Zweige. Nur ab und zu müssen stark überalterte Äste tief am Boden weggenommen werden, damit junge Triebe nachwachsen können.
Die alten Historischen Duftrosen blühen in der Regel nur einmal. Sie entwickeln ihren überreichen Blütenflor am alten Holz – jeder Rückschnitt zerstört deshalb einen großen Teil der Blüte. Lassen Sie diese wunderbaren Strauch- und Kletterrosen möglichst frei wachsen. Nur totes Holz, zu dicht wuchernde Triebe und überalterte Äste werden weggeschnitten.
Öfterblühende Englische Rosen können dagegen ab und zu etwas stärker beschnitten werden. Achten Sie aber darauf, dass die Strauchform nicht zerstört wird.

Pflegen

Schneiden Sie verblühte Rosen regelmäßig ab. Vor allem öfterblühende Züchtungen entwickeln dann neue Knospen. Bei einmal blühenden Strauchrosen können Sie auf diesen Schnitt verzichten und sich auf den Hagebuttenschmuck im Herbst freuen.
Bevor der Winter einsetzt, werden vor allem die Beetrosen angehäufelt. In kalten Landschaften schützen Sie empfindliche Beet- und Kletterrosen mit einer Abdeckung aus Fichtenreisig vor Frostschäden.
Bei sommerlicher Hitze sollten Sie Ihre Rosen ab und zu gründlich wässern. Gießen Sie aber nur direkt in den Wurzelbereich. Ein Regner verdirbt die Blüten, und die nassen Blätter werden anfällig für Mehltau und Rosenrost. »Handarbeit« ist also bei Rosen die bessere Alternative.

Schützen

Der beste Schutz vor Krankheiten besteht in der naturgemäßen Bodenpflege und Ernährung. Achten Sie beim Kauf auch auf mehltauresistente Züchtungen. Die weitverbreiteten Pilzinfektionen sind zwar witterungsabhängig, sie breiten sich aber vor allem bei geschwächten Pflanzen aus. Stärken Sie die Widerstandskräfte durch vorbeugende Spritzungen mit Schachtelhalm-Brühe. Ausführliche Tipps finden Sie ab Seite 48.

Die schönsten Rosen für Ihren Garten

Die Fülle der Arten und Sorten ist so groß, dass hier nur eine kleine Auswahl vorgestellt werden kann. Lassen Sie sich verführen! Wenn Sie dann dem Zauber der Rosen verfallen sind, werden Sie sich von selbst in immer größere Abenteuer des Kennenlernens stürzen. Dann sollten Sie zu den Katalogen der Rosenschulen greifen, deren Adressen Sie im Anhang finden. Darin wird die ganze Welt der Rosen vor Ihnen ausgebreitet. Sie können nach Herzenslust stöbern und aussuchen.
Achten Sie bei der Wahl der schönsten Rosen für Ihren Garten aber auf einige wichtige Gesichtspunkte: Der Duft ist die Seele der Rosen. Bei einer edel geformten Blüte ohne Wohlgeruch wird Ihnen wahrscheinlich immer etwas fehlen. Die Historischen und die Alten Rosen, die wieder in unsere Gärten eingezogen sind, bieten Ihnen berauschende Dufterlebnisse. Die meisten von ihnen blühen allerdings nur einmal, dafür aber in überschäumender Fülle.
Die neuen Englischen Rosen vereinen den Charme nostalgischer Blütenformen und wunderbare Wohlgerüche mit wiederholter Blüte. Zahlreiche Sorten aus dieser Gruppe blühen bis zum Herbst wie die modernen Edelrosen, deren gute Eigenschaften in diese Englischen Rosen eingekreuzt wurden. Vor allem die Züchtungen von David Austin haben deshalb die Gärten Europas im Sturm erobert.
Suchen Sie Ihre Rosen nicht nur mit den Augen sondern auch mit der Nase aus! Dann werden Sie diejenigen Arten und Sorten entdecken, die auch am besten in einen lebendigen Biogarten passen.

Edelrosen

Edelrosen oder **Teehybriden** waren mit ihren großen edel geformten Einzelblüten lange Zeit die Stars unter den modernen Rosen. Sie wachsen aufrecht und kräftig, je nach Sorte werden sie 0,80–1,00 m hoch. Die Edelrosen blühen öfter, bei vielen Sorten ging aber der Duft verloren.

Willkommensgruß am Zaun: Eine reichblühende Kletterrose mit üppigen Blütenbüscheln lädt ein ins sommerliche Rosenparadies.

Sorten:
• 'Erotica' – dunkelsamtrote Blüten, die wunderbar duften; kräftig und gesund.
• 'Gloria Dei' – eine berühmte ältere Teehybride mit großen gelben Blüten, die am Rand rosa überhaucht sind. Das dunkelgrüne Laub ist sehr widerstandsfähig.
• 'Sutter's Gold' – leicht gefüllte Blüten, goldgelb mit orange, fruchtiger intensiver Duft, robust und gesund.

Beetrosen

Beetrosen wachsen buschig und erfreuen mit einer großen Blütenfülle. An jedem Stängel entwickeln sich kräftige Blütenbüschel. Beetrosen blühen sehr ausdauernd; sie eignen sich gut für Gruppenpflanzungen. Die Höhe variiert, je nach Sorte, zwischen 40 und 100 cm.

Sorten:
• 'Bonica 82' – hellrosa, locker gefüllte Blüten, die in großer Fülle bis zum Frost aufblühen. Eine robuste, gesunde Rose, die auch für raue Lagen geeignet ist.
• 'Friesia' – große gefüllte Blüten in Goldgelb, die stark duften. Ein robuster, winterharter Klassiker unter den Beetrosen.
• 'The Queen Elisabeth Rose' – edelrosenähnliche rosa Blüten; eine aufrecht und hochwachsende Rose, die robust und gesund ist. Die 'Queen' ist eine wahrhaft königliche Erscheinung unter den älteren bewährten Beetrosen.

Strauchrosen

Strauchrosen gibt es in großer Vielfalt. Manche sind zierlich und wachsen nur 1 m hoch, andere bilden kraftvolle große Büsche, die bis zu 3 m Höhe erreichen können. Es findet sich also für jeden Garten eine passende Sorte. Unter den Strauchrosen gibt es viele öfterblühende Züchtungen und auch zahlreiche »Duftwunder«. Diese Rosen eignen sich für die attraktive Einzelstellung ebenso wie für locker wachsende Blütenhecken. Es gibt unter den Strauchrosen sowohl ältere als auch neue Sorten.

Die neue Züchtung 'Bonica 82' blüht monatelang. Sie gedeiht problemlos auch in kühlen Lagen.

Sorten:
• 'Centenaire de Lourdes' – locker gefüllte Blüten in klarem, leuchtendem Rosa, intensiver Duft; die Sträucher wachsen leicht überhängend und erreichen 1,50–2,00 m Höhe. Eine robuste, gesunde Rose, die bis zum Frost blüht.
• 'Lichtkönigin Lucia' – zitronengelbe dicht gefüllte Blüten, die duften; gesunde starkwachsende Rose mit langer Blütezeit bis zum Frost. Die Sträucher erreichen 1,50–2,00 m Höhe.
• 'Mozart' – die kleinen rosa Blüten haben ein weißes Auge und erscheinen in großen Büscheln. Diese Sorte erinnert an Wildrosen, sie wächst kräftig und blüht reich bis zum Frost. Die mittelgroßen Sträucher werden 1,20–1,50 m hoch. Schön für naturnahe Gärten.

• 'Roseraie de L'Hay' – locker gefüllte Blüten in kräftigem karmin- bis purpurfarbigem Rot. Ein starker, süßer Duft begleitet die lang anhaltende Blüte. Diese ältere, berühmte Strauchrose, wächst stark und gesund etwa 1,50 m hoch. Sehr schön für naturnahe Gärten.
• 'Schneewittchen' – edelrosengleiche Blüten mit zartem Duft, die in großer Fülle bis zum Herbst erscheinen. Der mittelgroße Strauch wächst 0,80–1,20 m hoch und eignet sich gut für kleine Gärten.
• 'Westerland' – duftende gelb- bis orangefarbige Blüten von großer Leuchtkraft, die bis zum Frost erscheinen. Der kräftige, breitwachsende Strauch erreicht 1,50–2,00 m Höhe. Diese Rose ist sehr beliebt und gesund, aber etwas dominant in der Wirkung.

Die stark wachsenden Rambler-Rosen erobern mühelos große Bäume.

Kletterrosen

Kletterrosen treibt es, wie schon der Name zeigt, in luftige Höhen. Ihre langen Triebe benötigen ein Rankgitter oder andere Kletterhilfen, an denen sie befestigt werden. Sonst würden sie unter der Last der Blütenfülle umkippen. Mit diesen Rosen können Sie auch Zäune oder Lauben umranken.
Es gibt zwei große Gruppen:
Die **Climber** sind aus modernen, großblütigen Rosen entstanden.
Die **Rambler-Rosen** stammen von Wildrosen ab und blühen deshalb meist nur einmal. Ihre duftende Blütenpracht entfaltet sich in verschwenderischer Fülle aus kleinen Röschen, die in großen Büscheln zusammenstehen. Die meist dünnen Triebe der starkwüchsigen Rambler können gut in Bäume beleitet werden. Diese Kletterrosen fügen sich ganz natürlich in naturgemäße Gärten ein.
Arten und Sorten:
Moderne öfterblühende Kletterrosen
• 'Goldstern' – große gefüllte Blüten in leuchtendem Goldgelb; die robuste Rose erreicht 2–3 m Höhe.
• 'New Dawn' – edle porzellanrosa Blüten, die wunderbar duften. Eine bewährte kräftige, winterharte Rose, die fast überall wächst. Sie erreicht 2–3 m Höhe.
• 'Ilse Kron Superior' – große Edelrosenblüten in reinem Weiß, die stark duften. Eine gesunde, robuste Rose, die 2–3 m hoch wächst.
• 'Sympathie' – samtig dunkelrote edel geformte Blüten, die angenehm duften; diese stark wachsende gesunde Rose erreicht 3–4 m Höhe.
Rambler-Rosen
• 'Bobby James' – der Klassiker unter den Rambler-Rosen mit großen Dolden cremeweißer Blüten, die einen starken Wildrosenduft verströmen. Starkwüchsig, bis zu 6 m

hoch rankend. Gut geeignet zum Klettern in Bäumen.
- 'Goldfinch' – eine große Fülle locker gefüllter Blüten, die von Goldgelb bis Weiß variieren. Sie duften fruchtig und wachsen bis 3 m hoch.
- 'Hiawatha' – ungefüllte leuchtend purpurrote Blüten mit weißer Mitte und goldgelben Staubgefäßen; robust und stark wachsend bis 6 m Höhe. Diese Rose verträgt auch leicht schattige Standorte.
- 'Paul's Himalayan Musk' – rosalila gefüllte Blüten in lockeren Dolden, stark duftend; dieser Rambler ist ein vitaler Kletterer, der bis zu 10 m Höhe erreicht. Gedeiht auch an leicht schattigen Standorten.

Uralt und immer noch bezaubernd schön ist die Historische Rose 'Great Maiden's Blush'.

Historische Rosen

Sie sind die ehrwürdigen Ahnen unserer Gartenrosen. Jahrhundertelang waren sie die einzigen Rosen in Europas Gärten. Sie blühten nur einmal, in den Farben Weiß, Rosa, Karmesin bis Purpurrot und Violett. Erst gegen Ende des 18. Jahrhunderts kamen die ersten China-Rosen nach England. Sie brachten neben den gelben Farbtönen auch eine wichtige neue Eigenschaft mit: Sie blühten mehrmals. Aus den Kreuzungen mit diesen »Teerosen« entstanden die neuen öfterblühenden Hybriden, die die Rosenzüchter begeisterten und die Gärten eroberten. Die «Altmodischen« Rosen früherer Zeiten gerieten darüber in Vergessenheit.
Inzwischen sind die Historischen Rosen wiederentdeckt worden. Ihre wunderbaren dicht gefüllten Blütenformen und vor allem ihr hinreißender Duft werden wieder geschätzt und gesucht. Berühmte alte Rosen sind die Gallica-Rosen, die Damaszener-Rosen, die Alba-Rosen und die Zentifolien, die hundert-blättrigen Rosen. Diese Schätze aus alten Bauern-, Kloster- oder Burggärten fügen sich besonders harmonisch in naturgemäße Gärten ein. Die Alten Rosen sind widerstandsfähig und über Jahrhunderte an unser Klima angepasst.
Die folgende Auswahl zeigt nur einen kleinen Ausschnitt aus dem inzwischen wieder reichhaltigen Angebot. Sie kann Sie nur ein wenig verführen, damit Sie Lust auf Historische Rosen bekommen!

Arten und Sorten:
- 'Great Maiden's Blush' – mindestens seit dem 15. Jahrhundert ist diese berühmte Alba-Rose in Kultur. Die weißlich-rosa Blüten verströmen einen feinen Wildrosenduft. Die robusten Sträucher werden 2 m hoch.
- *Rosa × alba* 'Maxima' – traditionsreiche Bauernrose mit weißen, gefüllten, stark duftenden Blüten. Die kräftig wachsenden Sträucher sind sehr winterhart.
- *Rosa × centifolia* 'Major' – eine berühmte Hundertblättrige Rose. Die dichtgefüllten Blüten sind rosarot gefärbt und duften wunderbar süß. Weil diese Rose oft auf alten Bil-

dern zu sehen ist, heißt sie auch 'Rose des Peintres' (Rose der Maler). Die kräftigen, sehr winterharten Sträucher erreichen 1,80 m Höhe.

- *Rosa gallica* 'Officinalis' – die altbekannte »Apothekerrose«, die schon vor 1310 in Kultur war. Im Mittelalter wurden die Blütenblätter als Medizin verwendet. Die rosaroten Blumen sind locker gefüllt und duften stark. Diese berühmte Rose der Klostergärten wird nur 1,50 m hoch und passt deshalb gut in kleine Gärten. Pflanzen Sie sie in den Kräutergarten.
- *Rosa gallica* 'Versicolor' oder 'Rosa mundi' – ist seit 1583 bekannt. Ihre locker gefüllten duftenden Blüten sind rosa-rot-weißgestreift. Eine berühmte Rose, die nur 1,20 m hoch wird und deshalb gut Platz in kleinen Gärten findet.
- 'Rose de Resht' – eine aus Persien stammende Damaszener-Rose mit dicht gefüllten pomponförmigen Blüten von purpurroter Farbe mit süß-würzigem Duft. Die Blütezeit dauert lange bis zum Herbst. Die gedrungenen Sträucher werden 1–1,20 m hoch. Eine zauberhafte Rose für kleinere Biogärten.
- 'York and Lancaster' – eine alte Damaszener-Rose, die seit 1551 bekannt ist. Die halbgefüllten, duftenden Blüten zeigen Farbvariationen in Rosa, Karminrot und Weiß. Die buschigen, einmal blühenden Sträucher werden 1,50 m hoch.

Englische Rosen und Romantische Rosen

Sie erfüllen die Träume vieler Rosenfreunde: Die nostalgischen Blütenformen und der wunderbare Duft alter Rosen werden ergänzt durch lange Blütenzeiten. Dem englischen Rosenzüchter David Austin gelangen als Erstem diese erfolgreichen Kreuzungen zwischen Historischen und Modernen Rosen. Die Austin-Züchtungen bieten inzwischen ein umfangreiches Sortiment an: Großblumige Rosen mit den zauberhaft altmodischen üppigen Blütenformen der Historischen Rosen, mit starkem Duft und einer breitgefächerten Farbpalette von Weiß über Gelb- und Orangetöne bis zu Rosa und Rot-Variationen. Fast alle Austin-Züchtungen blühen öfter.

Dem überwältigen Siegeszug der Englischen Rosen schlossen sich auch andere europäische Rosenzüchter an. Sie kreierten ebenfalls neue Sorten mit altmodischem Charme und modernen Eigenschaften. Diese Züchtungen werden Romantische Rosen genannt. Englische und Romantische Rosen wachsen meist in halbhoher Strauchform.

Sorten:

- 'Charles Austin' – Englische Rose mit großen gefüllten Blüten in warmen Gelb- und

Rosenfreundschaft: Die Englische Rose 'Constance Spry' öffnet ihre großen rosa Blüten zwischen den dunkelroten von 'Zigeunerknabe'!

Aprikosentönen, fruchtiger Duft; wächst 150 cm hoch.

- 'Colette' – Romantische Rose mit großen dichtgefüllten Blüten in feinem Lachsrosa, das sich später goldbraun verfärbt; stark duftend, kräftiger, leicht überhängender Wuchs bis 2 m Höhe.
- 'Constance Spry' – Englische Rose mit anmutigen, rundlichen Blüten, die dicht gefüllt sind, in klarem Rosa; wunderbarer Duft. Diese starkwachsende Strauchrose erreicht 2 m Höhe und kann auch als Kletterrose gezogen werden. Sie blüht nur einmal, aber dafür überwältigend schön.
- 'Gertrude Jekyll' – Englische Rose mit dicht gefüllten leuchtend rosa Blüten, duftend, 1,20–1,50 m hoch.
- 'Leonardo da Vinci' – Romantische Rose mit dicht gefüllten geviertelten Blüten in Dunkelrosa, zart duftend, 60–90 cm hoch wachsend.
- 'Mary Rose' – Englische Rose mit locker gefüllten Blüten in klarem Rosa, feiner Maiglöckchenduft, erreicht 1,20 m Höhe.
- 'Othello' – Englische Rose mit sehr großen Blüten in dunklem Scharlachrot, stark duftend, 1,20–1,50 m hoch wachsend.

Heitere Gesellschaft für die Königin

Die Königin der Blumen wirkt noch anmutiger, wenn Sie für heitere Gesellschaft in ihrer Umgebung sorgen. Dafür eignen sich sowohl einjährige als auch langlebige Blumen. Stimmen Sie Farben und Wuchshöhe immer sorgfältig auf die von Ihnen ausgewählten Rosen ab. Hochwachsende Stauden bilden einen lebensfrohen Kontrast. Blauer Rittersporn, weiße Margeriten und rosa Mohn sind leuchtende, prachtvolle Farbpartner für ihre Majestät.
Eine ganz andere Wirkung erzeugen niedrige Pflanzen, die sich wie ein Teppich der Rose zu Füßen legen. Gräser, Schleierkraut, Polsternelken, Steinkraut und Thymian stehen dafür zur Auswahl. Die klassischen Rosenbegleiter wachsen halbhoch und setzen sommerliche Akzente, ohne zu dominieren. Lavendel, Blauer Ziersalbei, lilablaue Katzenminze und weißes Mutterkraut gehören in diese Gruppe.

Rote Rosen und blauer Salbei »malen« ein farbenfrohes Sommerbild.

Eine haltbare, pflegeleichte Rand- oder Zwischenpflanzung bilden gelb blühender Frauenmantel und blauer Prachtstorchenschnabel *(Geranium × magnificum)*. Diese Stauden erfüllen auch die Rolle eines guten Bodendeckers im Sinne des naturgemäßen Gartens.
Vielleicht finden Sie die passende Gesellschaft für Ihre Rosenkönigin nicht beim ersten Versuch. Dann sollten Sie mutig selber experimentieren. Jeder Garten ist eine Welt für sich, und jeder Gärtner sieht die Welt mit eigenen Augen. Werden Sie auf Ihre eigene Weise glücklich in Ihrem grünen Reich. Wichtig ist nur, dass Sie dabei in Frieden und im Einklang mit der Natur leben.

Bezugsquellen und Adressen

Untersuchungsanstalten für Bodenproben

VDLUFA / Landwirtschaftliche Untersuchungs- und Forschungsanstalten
c/o LUFA Speyer
Obere Langgasse 40
67346 Speyer
www.vdlufa.de

Biologisch orientierte Institute
Dr. Fritz M. Balzer
Oberer Ellenberg 5
35083 Wetter-Amönau
www.labor-balzer.de

In Österreich:
Institut für Umwelttechnik
Prof. Brantner
Maygasse 8
A-8010 Graz

In der Schweiz:
Eidgenössische Forschungsanstalt Schloß
Postfach 185
CH-8820 Wädenswil

Biologische Dünger- und Pflanzenschutz-Produkte

Snoek GmbH
Tannenweg 10
27356 Rotenburg (Wümme)
www.snoek-naturprodukte. de
(Pflanzenschutz- und -pflegemittel, Dünger aus Algen und Trester, Steinmehl)

W. Neudorff GmbH KG
Postfach 1209
31857 Emmertal
www.neudorff.de
(Dünger, Algenprodukte, Pflanzenpflege, Pflanzenschutz)

Niem-Handel
Waldstr. 3
64579 Gernsheim
www.niem-handel.de
(große Auswahl von Niembaum-Produkten)

Keller GmbH & Co. KG
Konradstr. 17
79100 Freiburg i.Br.
www.biokeller.de
(umfassendes Programm, Schneckenzäune, Steinmehl)

Oscorna Dünger GmbH & Co.
Postfach 4267
89032 Ulm
www.oscorna.de
(organische Spezialdünger, Algenprodukte, Pflanzenschutz- und -pflegeprogramm)

In Österreich:
Bio-Furtner
Hauptstr. 5
A-3031 Rekawinkel
www.bio-furtner.com
(Pflanzenschutz- und -pflegeprogramm)

In der Schweiz:
Andermatt Biocontrol
Stahlermatten 6
CH-6146 Großdietweil
www.biocontrol.ch
(Pflanzenschutz- und -pflegeprogramm)

Gemüse- und Blumen-Saatgut

Karsten Ellenberg
Bioland-Hof
Ebstorfer Str. 1
29576 Barum
www.kartoffelvielfalt.de
(alte Kartoffelsorten)

naturwuchs
Bardenhorst 15
33739 Bielefeld-Vilsendorf
www.naturwuchs.de
(alte Kartoffelsorten, Akeleien 'Grandmother's Garden' u.a.)

Dreschflegel
Postfach 1213
37202 Witzenhausen
www.dreschflegel-saatgut.de
(Bio-Saatgut, alte Kulturpflanzen)

Gärtner Pötschke
Beuthener Str. 4
41561 Kaarst
www.gaertner-poetschke.de
(große Auswahl, Madonnenlilien, alte Sorten von Kartoffeln, Tomaten, Erdbeeren u.a.)

Ferme de Sainte Marthe
Ulla Grall
Eulengasse 3
55288 Armsheim
www.bio-saatgut.de
(alte Sorten, Tomaten, Zucchini u.a.)

In Österreich:
Eifler Samen
Petersplatz 11
A-1010 Wien

In der Schweiz:
Samen Mauser
Postfach 67
CH-8404 Winterthur

Kräuter

Rühlemann's
Kräuter und Duftpflanzen
Auf dem Berg 2
27367 Horstedt
www.ruehlemanns.de
(große Auswahl heimischer und internationaler Kräuter-Spezialitäten)

herb's
Bioland-Gärtnerei & Pflanzen-Versand
Stedinger Weg 16
27801 Nuttel
www.herb-s.de
(viele Spezialitäten, großes Minzensortiment)

Syringa
Duft- und Würzkräuter
Dipl.-Biol. B. Dittrich
Bachstr. 7
78247 Hilzingen-Binningen
www.syringa-samen.de
(Kräuter und Duftpflanzen)

In Österreich:
Gartenbau H. + H. Wagner
Gutendorf 36
A-8353 Kapfenstein
www.gartenbauwagner.at
(Kräuter- und Duftpflanzen)

In der Schweiz:
Gärtnerei Silberdistel
Ch. und U. Fotsch-Eicher
CH-3855 Brienz
(Kräuter und Heilpflanzen)

Stauden

Treppens & Co.
Berliner Str. 84-88
14169 Berlin
www.treppens.de
(alte Dahlie 'Bishop of Llandaff', Gladiolen, viele Spezialitäten)

Staudengärtner Klose
Rosenstr. 10
34253 Lohfelden
www.staudengaertner-klose.de
(Foerster-Züchtungen, großes Pfingstrosen-Sortiment)

Arends-Maubach
Monschaustr. 76
42369 Wuppertal-Ronsdorf
www.arends-maubach.de
(großes Sortiment, Foerster-Züchtungen)

Staudengärtnerei
Gräfin von Zeppelin
Weinstr. 2
79295 Sulzburg
www.graefin-v-zeppelin.com
(Spezialitäten: Iris, auch alte Sorten, Mohn)

Dieter Gaißmayer
Staudengärtnerei
Jungviehweide 3
89257 Illertissen
www.staudengaissmayer.de
(Phlox, Rittersporne, Foerster-Züchtungen)

In Österreich:
Stauden Feldweber
A-4974 Ort im Innkreis
www.feldweber.com
(großes Pfingstrosen-Sortiment, Iris)

In der Schweiz:
Frei
Weinland-Stauden
Breitestr. 5
CH-8465 Wildensbuch/ZH
(großes Pfingstrosen-Sortiment)

Rosen

W. Kordes' Söhne
Rosenstr. 54
25365 Klein Offenseth-Sparrieshoop
www.kordes-rosen.com
(großes Rosensortiment, Wildrosen, Alte Rosen)

Walter Schultheis
Rosenhof
Bad Nauheimer Str. 3-7
61231 Bad Nauheim-Steinfurt
www.rosenhof-schultheis.de
(Alte Rosen, Wildrosen, Englische Rosen)

Ruf
Bioland-Rosenschule
Zum Sauerbrunnen 35
61231 Bad-Nauheim-Steinfurt
www.rosenschule-ruf.de
(Moderne Rosen, Wildrosen, Alte Rosen, Englische Rosen)

Lacon GmbH
J.-S. Piazolo-Str. 4 a
68766 Hockenheim
www.lacon-rosen.de
(Alte Rosen, Englische Rosen, Begleitstauden)

In Österreich:
Schloß Felling
A-3521 Felling 4
(Alte Rosen, Englische Rosen, Wildrosen)

In der Schweiz:
Richard Huber
Baum- und Rosenschule
Rotenbühlstr.
CH-5605 Dottikon AG
www.rosen-huber.ch
(Alte Rosen, Englische Rosen)

Obstbäume und Beerenobst

Hermann Cordes
Lülanden 4
22880 Wedel (Holstein)
(alte Apfelsorten und anderes Obst)

Enderle Erdbeerland
Triftstr. 111
76448 Durmersheim
www.enderle-erdbeerland.de
('Florika'-Erdbeerwiese und alte Sorten)

Klaus Ganter
Baumschule
Baumstr. 2
79369 Wyhl am Kaiserstuhl
www.ganter-baden.de
(alte Apfel- und Pflaumen-Sorten)

Baumschulen
Baumgartner
84378 Nöham bei Pfarrkirchen
www.baumgartner-baumschulen.de
(Apfel- und Zwetschensorten)

In Österreich:
Garten Bayer
Baumschulgasse 1-4
A-8230 Hartberg
www.gartenbayer.at
(alte Apfelsorten)

In der Schweiz:
Häberli
Obst- und Beerenzentrum AG
CH-9315 Neukirch-Egnach
(führt auch die Erdbeersorte 'Florika')

Stichwortverzeichnis

Ziffern mit * verweisen auf Abbildungen, ᵀ auf Tabellen, halbfette sind Hauptverweisungen

Bibliografische Information
Der Deutschen Bibliothek

Die Deutsche Bibliothek verzeichnet diese Publikation in der Deutschen Nationalbiografie; detaillierte bibliografische Daten sind im Internet über http://dnb.ddb.de abrufbar.

Bildnachweis:

Baumjohann: 26, 51, 54o, 60, 65u, 74, 98o
Borstell: 2/3, 6, 80, 92o, 93, 94, 129u, 136
Bross-Burkhardt: 9, 14o, 15o, 25, 28, 61l, 68r, 138
Burkhardt, G.E.: 16r
Dittmer : 22, 86
Franke: 104
GBA/GPL: 49l
GBA/Noun: 72m
König: 91
Pforr: 18, 24, 29, 30l, 30r, 31, 32, 34o, 36, 37, 40o, 40u, 46, 46/Einkl., 101r, 103r, 109l, 119o, 122, 134
Redeleit: 1, 11, 12, 15u, 16l, 17, 19r, 21, 27, 35l, 41u, 44, 55, 59l, 61r, 77, 83, 98u, 102, 105, 108, 116, 132l, 132r, 139
Reinhard: 8, 10, 14u, 23, 34u, 35r, 38, 42, 45, 47, 50, 52, 54u, 57r, 59r, 63r, 66, 67, 69o, 70, 71o, 72u, 75ur, 82, 84, 85, 88l, 88r, 90o, 90u, 95, 96, 100, 103l, 107l, 107r, 109r, 115l, 115r, 117, 119u, 124, 125, 126, 127, 128o, 129o
Ruckszio: 87
Seidl: 49r, 89, 92u, 112, 113, 118, 123, 128u, 131, 135, 137
Stein: 48, 56l, 56r, 57l, 58o, 58u, 62, 63l, 64, 65o, 69u, 72o, 73o, 73u, 75ol, 75or, 75ul, 78, 79, 99, 101l, 130
Sulzberger: 13, 41o, 68l, 121
Willner: 19l, 33, 43, 110, 114

BLV Buchverlag GmbH & Co. KG
80797 München

Umschlaggestaltung: Anja Masuch, Fürstenfeldbruck

Umschlagfotos:
Vorderseite: Ursel Borstell
Rückseite: Foto-Studio Gross-Blotekamp

Lektorat: Dr. Thomas Hagen, Dr. Eva Dempewolf
Herstellung: Hermann Maxant
Layout: Anton Walter, Gundelfingen
DTP: agentur walter, Gundelfingen

Gedruckt auf chlorfrei gebleichtem Papier

Printed in Germany
ISBN-10: 3-8354-0027-4
ISBN-13: 978-3-8354-0027-6